《乡土中国》整本书阅读

主编

邓　彤　王从华

编委会成员

李　新　王召强　高翀骅

刘会想　段乐春　陈文德

上海教育出版社
SHANGHAI EDUCATIONAL
PUBLISHING HOUSE

序言

邓彤

1936 年，费孝通以博士论文《江村经济》震惊学界。1947 年，他出版的《乡土中国》一书，以基层乡土社会的视角分析中国社会，开启了认识中国的一扇大门。

如今，《乡土中国》作为经典之作进入了中学语文教材，成为众多学子研习的范本。如何阅读这本 70 年前的学术著作？广大师生迫切希望得到一些必要的支援。

在此背景下，《〈乡土中国〉整本书阅读》便应运而生了。

一、编写经过

本书是融合众人智慧的结晶。

2020 年 4 月，上海教育出版社决定组织人员编写此书。大概是因为本书主编所著《〈红楼梦〉整本书阅读》出版后颇受好评之故吧，蒙上海教育出版社错爱，笔者又成了《〈乡土中国〉整本书阅读》一书的主编。

这是一项艰巨的任务。对于《红楼梦》，笔者研读多年，在《红楼梦》阅读教学方面亦有些许心得，撰写《红楼梦》整本书阅读指导书，还是有点底气的；但面对主编《乡土中国》整本书阅读指导书这一任务，却颇觉忐忑。上教社资深编辑李光卫鼓励道：《乡土中国》阅读指导，大家都觉得有难度，因此尤其需要有先吃螃蟹者出来，为大家趟一条路子，提供一些帮助；借鉴《〈红楼梦〉整本书阅读》一书的编写经验，这本书的质量应该可以保证。因光卫先生的鼓励，加之考虑到当下大家对《乡土中国》整本书阅读确实有迫切需求，又想到如能邀集一批学有专攻的同仁合力攻关，当能不辱使命。思之再三，终于决定承担这一重任，只求抛砖引玉，权作美芹之献。

为确保编写水平，几番研讨，最终确定了本书编写的三条原则。

1. 兼顾学术性与操作性。

一方面，本书必须能够在学理上立得住，为此，特邀请主攻语文课程与教学论且在《乡土中国》阅读教学方面颇有研究的王从华博士共担主编之责；另一方面，此书必须立足课堂教学，一线教师的需求与智慧理当得到充分的尊重，我们决定本书主要作者必须是来自一线的优秀教师。

2. 兼顾不同地域、不同类型学校的差异性。

统编语文教材即将在全国范围内使用，本书将面对不同区域、不同类型学校的众多读者，为尊重这些差异，我们邀请了上海、深圳、江西、安徽等省市的教师参与编写。这些教师，有的来自全国著名中学，有的来自省市级示范高中，有的来自普通中学，虽然学校不同，但均有极好学养，并具有高度敬业精神，足以胜任本书编写任务。

3. 兼顾教师与学生。

本书读者定位为中学语文教师与需要进行《乡土中国》整本书阅读的中学生。本书在编写时既要考虑为教师教学提供必要的参考，更多考虑的是如何为众多学生的自主研习提供学习支持。因为本书是教本，更是学本。我们希望，中学生阅读此书，不仅能够深入理解《乡土中国》全书之精髓，而且能够习得基本的学术著作阅读能力，并最终形成相应的语文素养。

邓彤、王从华负责拟定全书框架，并参与撰稿、审稿、统稿工作。编写组全体同仁分工协作，历时两个月，几易其稿，最终完成任务。

希望我们的努力能够得到读者的认可。

二、本书要点

本书分四章。

第一章，“阅读战略”。从宏观层面介绍了如下内容：《乡土中国》整本书阅读的必要性、阅读内容、阅读策略以及教学内容的确定。

第二章，“阅读导航”。从操作层面介绍阅读《乡土中国》一书的关键点：概念术语的理解、全书逻辑结构的把握、思维导图的运用、任务学习内容及建议。

第三章，“阅读任务”。依据《乡土中国》一书各章节内容逐一设计学习任务，这些任务均立足本章内容，兼顾其他章节，涉及书中关键概念、基本原理、文本结构以及由此产生的新理解与启发。本章任务活动丰富，为全书重点内容，读者在阅读过程中可依据自身实际自由选择使用。本章具体编写体例如下：

• 依据《乡土中国》各章内容设计一个任务群；

• 每一个学习任务群均用思维导图表示本任务群层次结构；

• 每一个学习任务群均以本章内容为主体，适当关联其他章节，以体现“整本书阅读”的特征；

• 每一个学习任务群内容大致包含以下几方面：涉及特定文段精读的学习任务，涉及本章核心概念的学习任务，与现实生活关联的学习任务。

第四章，“思考练习”。习题从两个维度设计：“阐释与论述”部分，侧重检测读者对《乡土中国》一书各章内容的阅读理解程度；“思考与探究”部分，侧重设计具体任务情境，帮助读者将阅读所得加以迁移。以上两部分均有较为详细的参考答案或提示性建议。

本书可与统编高中语文教材配合使用。

三、作者分工

本书为集体著作。各作者所承担任务见下表。

序号	写作任务	作者	工作单位
1	第一章第 1—3 节	邓　彤	上海市黄浦区教育学院
2	第一章第 4 节	王从华 林庆顺	赣南师范大学文学院（江西师范大学基础教育研究院）、江西省樟树中学
3	第二章第 1 节	王召强	上海市复旦大学附属中学
4	第二章第 2 节	李　新	上海市复旦大学附属中学青浦分校
5	第二章第 3 节	高翀骅	上海市格致高级中学
6	第二章第 4 节	南银妮	广东省深圳市新安中学（集团）高中部
7	第三章第 1 节（含第四章习题）	彭跃为	安徽省宣城中学
8	第三章第 2 节（含第四章习题）	刘会想	上海市敬业中学
9	第三章第 3 节（含第四章习题）	龚青梅 徐慧欢	江西省樟树中学

（续表）

序号	写作任务	作者	工作单位
10	第三章第 4 节（含第四章习题）	林庆顺	江西省樟树中学
11	第三章第 5 节（含第四章习题）	周　芳	江西省樟树中学
12	第三章第 6 节（含第四章习题）	朱燕华	江西省樟树中学
13	第三章第 7 节（含第四章习题）	傅燕利	江西省樟树中学
14	第三章第 8 节（含第四章习题）	肖金林	江西省樟树中学
15	第三章第 9 节（含第四章习题）	刘会想	上海市敬业中学
16	第三章第 10 节（含第四章习题）	王召强	上海市复旦大学附属中学
17	第三章第 11 节（含第四章习题）	陈文德	上海海洋大学附属大团高级中学
18	第三章第 12 节（含第四章习题）	严乐天	江西省樟树中学
19	第三章第 13 节（含第四章习题）	高翀骅	上海市格致高级中学
20	第三章第 14 节（含第四章习题）	李　新	上海市复旦大学附属中学青浦分校

由于时间紧迫，更主要是我们水平所限，书中有待完善之处一定很多，恳请广大读者不吝赐教。希望这本书能有助于广大师生更好地阅读《乡土中国》，希望我们的努力能为整本书阅读教学做出一点菲薄的贡献。

目录

第一章　阅读战略

为何读《乡土中国》
《乡土中国》读什么
《乡土中国》如何读
《乡土中国》如何教

一、为何读《乡土中国》

高中语文统编教材必修上册中，第五单元的学习任务为“《乡土中国》整本书阅读”，这部由费孝通在 20 世纪 40 年代所撰写的学术著作，与必修下册中的《红楼梦》一起构成了高一年级整本书阅读的学习任务群。

作为一部学术著作，《乡土中国》在社会学领域中具有举足轻重的地位。但是，现当代中国不乏重量级著作，为什么偏偏是这部 20 世纪前叶出现的《乡土中国》成为整本书阅读任务群的必修书目？《乡土中国》之所以在众多候选书目中脱颖而出，细细想来，大致有以下几个原因。

其一，《乡土中国》自身学术地位使然。

费孝通作为我国社会学大师，其代表作之一就是《乡土中国》。该书由 14 篇文章组成，从乡村社区、文化传递、家族制度、道德观念、权力结构、社会规范、社会变迁等诸多方面深度解剖了中国乡土社会的结构，对中国基层社会的主要特征进行分析，全面展现了中国基层社会的面貌。中国人民大学前校长陈雨露曾言：“《乡土中国》是讲述中国乡土社会传统文化和社会治理结构的代表作，为了解中国社会文化的基本特性提供了重要参考。”

中国教育学会中学语文教学研究会原理事长顾之川对此书曾有如下评价①：

首先，本书从宏观角度探讨中国乡土社会特点，描述了中国人最真实的基层生活状态和基本文化特点，是中国乡土社会传统文化和社会结构理论研究的重要代表作。揭示中国社会结构特点，有助于学生了解中国传统社会文化，深刻认识中国。其次，本书构建了中国社会特有的乡土伦理体系，是理解中国乡村社会的一把钥匙，具有丰富深厚的人文底蕴，有助于学生深刻认识理解中华优秀传统文化，树立文化自信。再次，本书语言流畅，通俗易懂，简洁生动，“杂话”特点突出，可读性强。作者娓娓道来，如话家常，语言既严谨缜密，又幽默诙谐，文采斐然，具有很强的可读性。

其二，《乡土中国》一书与语文新课程标准要求高度契合。

语文“新课标”规定了18个语文学习任务群，而《乡土中国》一书则从两个方面与“新课标”规定相契合。

“新课标”首先确定了“整本书阅读”任务群学习目标：引导学生通过阅读整本书，拓展阅读视野，建构阅读整本书经验，形成适合自己的读书方法，提升阅读鉴赏能力，养成良好的阅读习惯，促进学生对中华优秀传统文化、革命文化、社会主义先进文化的深入学习和思考，形成正确的世界观、人生观和价值观。

“新课标”还规定了旨在引导学生阅读学术论著的“学术论著专题研讨”学习任务群。这对于学生体验发现问题、提出问题以及探索解决问题的路径，学习作者论述学术观点、陈述学术见解的思维过程和表述方式均具有无可替代的价值②。

概括来说，《乡土中国》一方面在知识能力方面有助于学生构建整本书阅读经验，从而形成相应的阅读方法、阅读能力以及阅读习惯；另一方面，在促进学生深入研究中国社会，学习思考中华优秀文化方面，该书也具有得天独厚的条件。可以说，《乡土中国》一书因为具有“跨群式”特征而兼具多方面优势，从而成为统编教材整本书阅读的必选篇目。

其三，《乡土中国》具有多重语文学习价值。

首先，《乡土中国》一书在思维发展与提升方面具有重要的作用。统编教材主编温儒敏曾撰文指出③：

---

① 顾之川．为什么要读《乡土中国》[J]．新课程评论.2020（2）.

② 中华人民共和国教育部．普通高中语文课程标准（2017年版）[S]．北京：人民教育出版社，2018.

③ 温儒敏．年轻时有意识读些“深”一点的书——《乡土中国》导读[J]．名作欣赏.2019（12）.

《乡土中国》论述非常简洁有力，有几点很值得借鉴。一是论点鲜明，每一章集中解决一个问题，而且尽量把论点凝结为一种“说法”、一个概念。二是论证有很强的问题意识，强调“对话”，和学界不同的看法“对话”，以此凸显自己的观点。三是论证求实，靠材料说话。四是大量引证传统典籍材料，有些引文是人们所熟悉的，但纳入本书的论述系统，就可能“翻新”出新的含义。此外，还有许多写作经验也富于启发。比如，议论文在论证推理的同时怎样能更生动而且有可读性，观点与材料如何结合，叙述和论说如何平衡，以及如何摆脱从概念到概念的“八股味”，等等。

更加重要的是，《乡土中国》一书在促进学生积累与建构语言方面具有重要价值。

“新课标”所规定的四大核心素养中，语言的积累与建构被视为基础素养，是基础之基础。文化传承、审美鉴赏与思维发展都离不开语言。《乡土中国》就是这样一部奇书：它虽是一本社会学著作，却在字里行间弥散诗意，被誉为“具有田园诗风味的学术著作”。这一特点使之非常适合中学生学习语言运用。在语言表达方面，本书有其精妙独到之处。

作为一部学术著作，《乡土中国》轻快活泼，娓娓道来，全无沉闷枯燥之感。不是所有学术著作在语言表述上都能够达到这一境界的。古人云，言之无文，行而不远。费孝通的这部著作之所以广为流传，除了学术上的造诣外，其语言表达上的生动流畅也功不可没。

《乡土中国》也是教师指导学生开展写作学习不可多得的样例。

例如，议论文写作历来是写作教学的重点、难点、弱点所在。议论文究竟应该怎么写，大家一直不甚了然。教师凭感觉教，学生凭感觉写。《乡土中国》却能将议论文写作的思维流程和基本章法鲜活地呈现出来，给读者以丰富的启发。

《文字下乡》一篇，就是一个典型的驳论文写作样例。费孝通首先“立靶子”——有人说乡下人“愚”，然后旗帜鲜明地提出自己的主张——乡下人其实“不愚”。接着，作者从生活现象入手，再明确“愚”这一概念的含义（“愚是智力上的不足”），然后运用丰富的材料驳斥认为乡下人“愚”的主张。

- 将乡下人与城里人各自存在局限的现象加以对比，论述乡下人进城没见过世面，只是知识问题，不是智力问题。
- 分析乡下人不识字并不是“愚”：“不识字”是因为没有机会学习，而不是乡下人智力不足——作者列举乡下孩子与教授孩子在不同领域中的能力加以证明。
- 再分析乡下人“不识字”的原因，恰恰是由于乡土社会属于“熟人社会”，文字在这样的社会中作用有限。于是得出结论，乡土社会文盲多，不是因为乡下人“愚昧”，而是由乡土社会本质决定的。

综上所述，无论是阅读还是写作，《乡土中国》都堪称范本，足以成为很好的语文教材。

为什么读《乡土中国》？

我们不妨再次引用顾之川的观点做一总结性回答：

语文教材要求阅读整本书，既是为了落实课标精神，也是回归语文教育传统、提高学生综合素质的需要。《乡土中国》全面展现了中国社会结构特点，着眼于实证研究与客观描写，表达方式灵活多样，是中国乡土社会传统文化和社会结构理论研究的重要代表作，也是社会科学研究经典论著。高中生阅读《乡土中国》，有助于认识中国国情特点，了解中华传统文化，增强探索创新意识，提高语文关键能力[①]。

二、《乡土中国》读什么

阅读《乡土中国》，究竟应该“读什么”？

就整本书阅读学习任务群以及学术著作阅读来说，阅读《乡土中国》一要知“意”，二要读“言”。知“意”，是基于学术著作阅读的规律而言的；读“言”，则意味着阅读这部学术著作还有语文学习层面上的考量，是为培育学生的语文素养。具体阐释如下。

（一）知“意”

阅读学术类著作，首先应该着眼于获取文本信息，其基本阅读方式是理解型：尝试理解把握文本的基本观点，明确作者在文中究竟说了些什么，作者的基本观点和基本依据如何。这个层面上的理解，我们称之为“读意”。

《乡土中国》是一部阐释中国乡土社会传统文化和社会治理结构的著作。阅读此书，当以获取书中关键信息、掌握全书主要观点，并最终“认识中国”为第一要义。

生活中多数阅读都是获取信息的阅读。我们看说明文、看通知、看文件……这类阅读都以获悉文中主要信息为目的。阅读学术著作就属于获取信息的阅读，其主要目的是

① 顾之川．为什么要读《乡土中国》[J]．新课程评论 .2020（2）.

了解学术著作的基本观点，以此丰富我们的知识，拓展我们思维的疆域。

阅读《乡土中国》，如果出于“知其意”之目的，应该关注如下三大内容：概念、命题和理论体系。

1. 理解基本概念

如果把一部学术著作比作一座大厦，那么，概念就是这座大厦的基石。无概念，不学术。不弄懂书中基本概念，就无法读懂学术著作。

我们阅读达尔文的《物种起源》，对于“自然选择、生存竞争、渐变、物种、适应”等概念必须确切理解。我们阅读马克思的《资本论》，自然无法忽视“商品、货币、劳动、剩余价值、生产力、生产关系”等概念，否则，我们就无法读懂进化论，就无法理解马克思。

《乡土中国》一书中，同样存在着众多概念，如“乡村社区、文化传递、差序格局、家族制度、道德观念、权力结构、社会规范”等。这些概念之间，其重要性有所不同，为此，读者还需要研究书中的“核心概念”。例如，统编教材主编温儒敏曾经深入辨识过“差序格局”这一核心概念的内涵[①]。

《乡土中国》并非一开篇就提出“差序格局”这个核心概念，而是先用三章的篇幅做许多“垫底”。费孝通先讨论乡下人如何划分“群己”“人我”的界限，结合分析古代传统中的伦理道德问题，发现中国人是以“己”为中心，和别人的关系就像石子投入水中的波纹一般，一圈圈推出去，愈推愈远，也愈推愈薄。这种集体无意识的文化，就决定了农村社会格外重视人伦关系的基本结构。于是水到渠成，到第四章，作者才归纳：“中国社会乡土社会的基层结构是一种我所谓的差序格局。”这是个核心概念，把这本书的要旨“定”住了，是费孝通的独特发现，是他的理论建树，后来成为社会学界广泛认可的“定论”。

由此可见，理解概念需要从两方面着手，既要关注阐释定义、概念的语句本身，又要研究概念表述的语境。上例中，温儒敏就主要通过对《乡土中国》一书下了一番前后勾连的细细琢磨功夫，最终明白了这一概念的来路和内涵，也明确了这一概念在全书中的地位及其在费孝通理论体系中的价值。

学术著作的阅读，概念理解就是这样重要。为此，本书第二章专门撰写了一节文字，集中阐释《乡土中国》中的概念理解。

① 温儒敏．年轻时有意识读些“深”一点的书——《乡土中国》导读［J］．名作欣赏．2019（12）．

2. **理解主要观点和基本命题**

命题是对事物的判断，也可以称之为“观点”。研究者对基本概念进行逻辑组织，表述自己对事物与现象的判断，从而形成观点或命题。

例如，大地、圆形、方形等词语就是一组概念。而“大地是圆形的”和“大地是方形的”则是两个有关地球形态的针锋相对的命题。阅读学术著作，必须在解读概念的基础上，理解作者由此形成的命题，并且还要在理解命题的基础上对该命题做一番审视批判。

《乡土中国》一书中有大量的概念与判断，需要读者细细梳理。且以该书第一篇《乡土本色》为例。在本篇中，费孝通先对“乡土”这一概念做了非常全面的内涵界定。他从人们的日常理解来看“乡土”，从“土”的基本意义是泥土说开去，援引大量事例阐释“土”对于中国农民的重要性，简直就是农民的“命根”。在此基础上，提炼出农业社会的一个基本特征“不流动”，并且，作者还运用了各种方法凸显这一特征：“侍候庄稼的老农也因之像是半身插入了土里，土气是因为不流动而发生的”，“直接靠农业来谋生的人是黏着在土地上的”。最后，“从人和空间的关系”看，“土”具有“不流动”的特征；从“人和人在空间的排列关系看”，“土”则表现为“孤立”和“隔膜”，但这种孤立、隔膜却是“以村和村之间的关系而说的”，于是构成了一个“熟悉”的社会，没有陌生人的社会。因为“熟悉”，导致中国成为“礼俗社会”而非“法理社会”，因为熟悉而彼此信任，可以依据经验待人处事，而不必追求普遍的抽象法则。

请看，费孝通在阐释“乡土”这一概念的基础上，不断生发推导出一系列“观点”，形成了一组连贯而下的命题：“土”具有“不流动”特征→“不流动”因此“孤立、隔膜”→从而形成“熟悉社会”→“熟悉社会”必然成为“礼俗社会”。当我们仔细梳理并真切理解了这一系列推演的内在逻辑之后，便能够真切理解“乡土本色”究竟是怎么一回事。

3. **把握论述框架与理论体系**

若干概念和命题按照一定的逻辑关系，最终形成一个相对完整的论述系统，这个系统就是作者思想观点的论述框架，如果高大上一点，就可称之为理论体系或思想体系了。

《乡土中国》由十四篇文章组成，这些文章并非各自孤立，而是有着内在逻辑关系，它们相辅相成，共同构成了全书这一有机整体。阅读《乡土中国》，必须梳理全书内在脉络，把握全书论述、阐释观点的基本框架。

陈心想教授把《乡土中国》十四章概括为四个主题[①]：乡土中国的基本社会结构特征，“差序格局”的内涵；作为事业团体的家族，以及这种家族体制下的婚姻和爱情；乡土社会秩序靠什么来维护；乡土中国的未来何去何从。这四个主题，涵盖了传统中国社会的结构特征、家庭文化、社会秩序、权力关系等几个方面。他将全书十四篇文章提炼为四大主题，就是对《乡土中国》整本书内在逻辑关系的梳理与归类，有纲举目张、提纲挈领之功效。

许多教师都积极尝试梳理《乡土中国》的内在逻辑脉络，试图获得对全书系统的理解。例如，高杰杰曾经梳理《乡土中国》一书十四篇文章内在逻辑关联[②]。高老师认为，《乡土中国》一书在论述框架上具有如下特征：以基层“村落”为中心，向外分出三条线，这三条线相互交叉、相互影响，最终直指“乡土社会”这个概念。具体阐释如下：

- 第一条线分析了人和人的社会关系：以个人为中心的差序格局，以家族为单位的事业群体——男女有别（以同性为主、异性为辅的单系组合）。
- 第二条线从维护社会的关系原理（礼治秩序）出发，分别阐释“无讼”——对传统规则的服膺；“无为”——横暴与同意的实施；“长老”——尊崇教化原则。
- 第三条线从无需文字的熟悉社会——文字下乡与再论文字下乡，分析社会本质的变化，表现为血缘向地缘转变、教化权力意志的“注释”、欲望向理性的需要转变。

上海市同济大学第一附属中学黄珊老师则联结章节，试图建构对《乡土中国》一书的解释性理解[③]。

黄老师分析全书章节之间内在关联，理清全书内容逻辑关联，把握整体构架，进而开展质疑、拓展研究。将第 1 章《乡土本色》与第 4 章《差序格局》联系起来读，可以更深刻地理解“差序格局”的含义，并发现“差序格局从何而来”。第 1 章中阐释了中国农村据村而居的原因，中国乡土社会中人与人是“有机的团结”，“乡土社会里从熟悉得到信任”。这些内容可以解释为何中国乡土社会中以自己为中心画出一个“街坊圈子”，而与此相对，西方社会中有强烈的国家意识和平等观念，强调个人与团体之间的界限和资格。

在打通第 1 章和第 4 章的关系之后，学生不仅能够更为深入地理解各个章节中的概念，还能够在此基础上产生较深层次的质疑，进而深入研究。例如《乡上中国》第 1 章将

① 陈心想．高中生如何阅读《乡土中国》[J]．新课程评论 .2020（2）．
② 参见：高杰杰．重视三大范畴解读《乡土中国》[J]．汉字文化 .2020（3）．
③ 参见：黄珊．有舍，然后有所得——以《乡土中国》为例谈社科著作的略读方法[J]．语文月刊 .2020（3）．

乡土和城市并举，进行研究得出结论；而第 4 章将中国社会与西方社会的格局并举，进行研究得出结论。在此基础上，黄老师引导学生探究如下问题：本书的研究对象究竟是“具有乡土性质的整个中国”还是“中国的乡土社会”呢？

我们希望，当同学们认真读完《乡土中国》这本书之后，不仅激发出对我们这个民族与国度的热爱之情，还能够进一步认识中国的特征、优势与不足。这段学习之旅，能使我们体会到阅读学术著作的艰难与快乐，逐渐形成阅读学术著作的基本能力，为今后学习奠定基础。

（二）读“言”

如上所述，阅读《乡土中国》自然应该读懂书中的如下观点：

• 从基层上看去，中国社会是乡土性的。

• 乡土社会不用文字绝不能说是“愚”的表现。中国的社会中，家没有严格的团体界限，可以沿着父系这一方面扩大。当其扩大成为氏族和部落时，其功能显然不只在生育，而赋有政治、经济、宗教等复杂的功能。

• 乡土社会治理方式是“人治”而不是“法治”。

• 乡土社会的社会流动不构成社会性质的根本改变，血缘大于地缘。

但是，理解上述观点并不是我们阅读这部书的唯一目标。毕竟这是语文课堂而不是社会学课堂中。

与所有实用类文章一样，学术著作也具有“劝说”的特性，都隐含着作者对读者的“劝说”。任何作者之所以著书立说，总是试图劝说读者相信其结论。因此，我们在阅读学术著作时，需要立足作者的劝说立场，认真探讨作者为阐释自己主张而采取的各类表达方式。这个层面上的理解，我们称之为“读言”[1]。

总之，要让学生准确理解学术著作所阐释的观点，需要我们把“内容”和“表达”结合起来。简言之，就是“读意”和“读言”。因为教学情境中的学术著作整本书阅读，与学者或一般读者的阅读还是有明显不同的。

中学生阅读学术著作，不只是单纯为了“明理”或为了增进对某一领域的认识，更多的还是通过阅读学术著作而增进相应的经验、习得特定的阅读方法，并最终获得阅读学

① 王荣生，陈隆升 . 实用文阅读教什么［M］. 上海：华东师范大学出版社 .2014：52.

术著作的能力。

我们阅读《乡土中国》，确实需要读懂这部书，需要了解“乡土中国”的诸多特征，增进对祖国、对民族文化的理解。但是，这绝不是唯一目的，还有一个同样重要（甚至更重要）的目的——掌握学术著作解读的经验与知识，获得解读学术著作的基本习惯与能力。

例如，中学教材里曾收入一篇科学考察报告《一次大小的泥石流》，其中有这样一个基本命题（定义）：

在一些山区的沟谷中，由于地表径流对山坡和沟床不断地冲蚀掏挖，山体常常崩塌滑坡，塌滑下来的大量泥沙石块等固体物质被水流挟带搅拌，变成黏稠的液体，在重力和惯性力的作用下急速奔泻。这就是人们常说的泥石流。

针对上述文字，如何指导学生“读言”？对此，王荣生教授有一段堪称经典的阐释①。

如果语文教师本次课的教学项目就在这一段里，他也许会这么做：让学生先找出容易懂的一句（这就是人们常说的泥石流）；然后与同学一起讨论“这”指代什么（急速奔泻的浆液），可能再讨论“这”在上下句的作用（关联）；最后是阶段性小结：当一个句群前面一句是描述性的复杂句时，后一句的起首往往用代词来关联，阅读的入手关键要弄清代词的指代范围是什么。他可能再往上伸，问：“浆液哪里来的？”（水搅拌固体物质。）再问：“固体物质是哪里来的？山体为什么崩塌滑坡？这一切发生在哪里？”然后再做一次阶段性小结：这是一个发生定义，发生定义的理解一要看条件，二要看过程。

他完全可以换一种事情来做，比如本次课的学习项目只放在术语上，让学生画出难理解的词语：“沟谷、地表径流、崩塌、滑坡……”他发现不少学生没有画出“崩塌”“滑坡”，于是引出一场讨论，讨论这两个词的日常意义，然后将这两个词的地理学概念（崩塌：陡坡上大块的岩石在重力作用下突然崩落的物理地质现象）加以比较，再小结：阅读说明文应注意识别学科范围内的专有名称——术语，并从该学科的定义而不是日常的含义去理解。接着，可能做一点识别术语的小练习。

他的注意力还可能集中在其他地方。比如让学生找出开头一行“由于”相配对的结果部分；比如让学生按自然说话的方式“说”（而不是念）这段文字，然后讨论语流停顿较大的地方，画出语流长段，加以小结：由于说话的呼吸段落比视觉的呼吸段落短得多，且语感上往往更容易确定语义片断，遇到长句时，不妨将文字转化为“说话”，按说话所

① 王荣生. 说为形成新技能而设置的语文课［J］. 浙江师范大学学报 .1997（6）.

形成的片断去理解。他还可以从另外的角度入手，比如紧松句的变换练习，让学生掌握用变换句式的方式去理解文字的含义。

这段分析如此详细透彻地阐释了阅读学术文献过程中“语文取向”的阅读姿态。这一取向，主要是为了形成解读学术著作的基本技能。这段分析聚焦在语言表达层面，关注的重点不是“泥石流是什么”，而是“阐释泥石流的方式”。这段分析很好地整合了学术著作中内容与表达两方面的关系。在这时，学生是否彻底理解泥石流不再是关键（尽管也需要），而“如何解读”最终达成理解泥石流成为这次阅读的重点目标。

阅读《乡土中国》需要获得学术著作的阅读经验，掌握学术著作的阅读基本方法，最终形成相关的阅读能力。这个意义上阅读《乡土中国》，就是要关注此书的表达方式，所谓的读“言”，即读出《乡土中国》的语文价值出来。在这里，“意”和“言”是相辅相成的关系，只是在不同的阅读活动中有所侧重而已。

一般读者阅读《乡土中国》可以只关注“意”，甚至可以得“意”忘“言”；但作为语文学习者，阅读《乡土中国》就必须学习某个特定的“意”是怎样通过“言”传达出来的。这是语文学习视域下阅读此书的重要内容。仍以《乡土本色》中的一段文字为例。

农业和游牧或工业不同，它是直接取资于土地的。游牧的人可以逐水草而居，飘忽无定；做工业的人可以择地而居，迁移无碍；而种地的人却搬不动地，长在土里的庄稼行动不得，侍候庄稼的老农也因之像是半身插入了土里，土气是因为不流动而发生的。

不妨大声读读这段文字，你是否能够感觉到字里行间流淌的节奏感？好的语言就是如此，总有一种内在的节奏与韵律在。学术著作而有这等文笔，委实不多见。作者先用整句简约概述游牧者与做工者的基本特征，然后集中笔墨描述种地农民的“不流动性”，要言不烦而又精辟地揭示了中国人特有的“安土重迁”的特征。

作者在引经据典、条分缕析的同时，生动形象地阐释观点的手法也值得学习。在《差序格局》一章中，作者这样阐释西方社会的“团体格局”：

西洋的社会有些像我们在田里捆柴，几根稻草束成一把，几把束成一扎，几扎束成一捆，几捆束成一挑。每一根柴在整个挑里都属于一定的捆、扎、把。每一根柴也都可以找到同把、同扎、同捆的柴，分扎得清楚不会乱的。在社会，这些单位就是团体……团体是有一定界限的，谁是团体里的人，谁是团体外的人，不能模糊，一定得分清楚……我们不妨称之作团体格局。

在论及中国社会结构时，作者这样表述：

我们的格局不是一捆一捆扎清楚的柴，而是好像把一块石头丢在水面上所发生的一圈圈推出去的波纹。每个人都是他社会影响所推出去的圈子的中心。被圈子的波纹所推及的就发生联系。每个人在某一时间某一地点所动用的圈子是不一定相同的。我们社会中最重要的亲属关系就是这种丢石头形成同心圆波纹的性质。

我们知道，在学术著作中，通常不宜采用类比来论证的，因为类比不具有逻辑必然性。例如，孟子在论证人性为善时，用“如水之就下”来类比“人性之善”。这样的类比固然生动形象，却没有说服力，因为水性和人性并没有什么内在关系。按照孟子的逻辑，我们是不是可以说“人性之恶，犹如水之就下”呢？但是，为何在许多著作中（例如《乡土中国》），我们依然看到大量的类比呢？因为类比是用人们所熟悉的事物或道理来解释陌生的事物，虽然不是论证，却是有效的解说，非常便于作者将自己的观点阐释得更加清楚，有助于读者的理解。因此，在经过充分论证的前提下，适当运用类比显然是锦上添花之举。

为了帮助中学生学会有效“读言”，本书在《乡土中国》的十四个篇章中均遴选了一些重要语段，针对这些语段中的言语表达设计了相应的学习任务，以此帮助中学生读者有效开展文本研读，最终实现“由言达意”。

三、《乡土中国》如何读

学术著作整本书阅读自有其特定的阅读策略。《乡土中国》怎么读，这是语文教师与广大学生都注定要关注的问题。本书第三章“任务驱动”主要致力于解决“读什么”与“怎么读”的问题。为此，编者设计了大量学习任务，提供了相应的阅读策略，试图帮助读者有效解读这部学术著作。

这里，我们从阅读流程和阅读方式两个维度介绍《乡土中国》整本书阅读的基本策略。

（一）三大阅读流程

阅读学术著作，总有一定的流程。先读什么，如何读，再读什么，如何读，都有一定的章法。本书依据加拿大学者阿德丽安·吉尔的研究成果，将《乡土中国》一书的阅读流程大致分为前后连贯的三大环节：提问与推测、确定重点、加工转化[①]。

依据这样的流程阅读《乡土中国》，一般能够较好地理解全书。

1. **提问与推测**

在阅读《乡土中国》之前，读者必须依据书名和目录，自我提出一些问题。这些问题将使我们的阅读变得积极主动，更加有效。在阅读之前提问，可以帮助我们设立阅读目标；在阅读过程中提问，可以帮助我们理解内容，确定作者的意图；在阅读之后提问，有利于加深理解。一般提问的程序和内容大致如下：

- 这本书大体上讲的是什么？
- 这本书详细阐释的什么？是如何阐释的？
- 这本书是全部还是只有一部分正确可信？
- 这本书的意义何在？

具体到书中特定的概念术语或基本观点，也需要主动提问，以帮助理解。例如，在阅读《差序格局》一章中，我们需要这样问自己：

- 什么是“差序格局”？
- 我能够用自己的语言向别人讲清楚这个概念的意思吗？
- 我能够举出事例说明“差序格局”吗？
- “差序格局”有哪些基本特征？大致可以分为几类？
- 为什么中国社会最终形成了“差序格局”？与西方社会格局相比，有哪些根本不同？

正如阅读研究者所言，阅读本质乃是向文本提问题，阅读理解则是使你的问题得到回答。

2. **确定重点**

确定阅读重点，就是俗话所言的“擒贼擒王”。

学术著作阅读的核心是理解。读懂一本书，基本标志就是理解，就是能够准确把握读物的字面信息，推论字里行间的隐含信息，并掌握全书整体结构，理解总体意义。例如，阅读《乡土中国》，我们必须理解如下内容：费孝通到底在这本书中说了些什么？“乡土中国”究竟有何特征？书中的“差序格局”到底是什么意思？

① 参见：[加]阿德丽安·吉尔著．朱永新，王林主编．王威译．阅读力：知识读物的阅读策略[M]．南宁：接力出版社．2018.

达成上述理解的关键，是抓住书中的重点内容。而抓住要点，则需要通过对全书重要语句的把握。对于学术著作而言，作者通常会运用各种方式来凸显重要内容，作者总是想方设法尽量提醒读者：此处重要，务必在意！

作者运用多种手段之处，往往就是全书重点内容的栖身之处。我们究竟如何确定《乡土中国》一书的重点内容呢？如下几处往往就是重点内容经常出没的地方：书中的主题，每一章的标题，文中作者特别加以界定的词语，作者反复讨论的问题，文章开头和结尾的总结句，论述重点转换的衔接过渡的语句，作者使用图片或表格之处。

在阅读时，我们如果能认真阅读这些文段和语句，就可以较好地把握书中重点内容，就可以更好地理解全书。

3. **加工转化**

阅读的本质是什么？阅读是思想的“对话”。你对书籍的阅读只是阅读的一半，还有一半要靠读者的加工与转化。阅读好比结婚，书籍是一半，读者是另一半，当二者结合，所产生的思想才是“爱情的结晶”。没有对文本内容的加工与转化，就没有真正的阅读。

我们应该将自己的人生经验投射到阅读中去。这时，阅读者的体验和思考与书籍同样重要。没有体验和思考，《乡土中国》就是一部与我们没有关系的著作，它是干枯的，是一堆文字乱码，我们看到的不过是一串串字符组成的“天书”。这时，读者需要用自己的思考加工文本，要将文本内容与我们的人生经验发生联系，要依据我们刚才的理解，推断之后的意思。

读懂一本书，标志性特征就是能够用自己的语言转述该书的主要内容。如果只是鹦鹉学舌般地照搬书中原话，则意味着我们并没有真正理解该书。在阅读中，成熟的读者通常会对书中基本内容做一番深度加工，以促进自己对读物的有效理解。主要方法有：复述、摘要和应用。

复述是一种重要的加工转化，就是不断尝试表述我们对书中的重点词语、关键术语、重要观点和主要结构的理解。首先，在阅读中，要把这些词语、句子圈点出来；然后，仔细研读作者的具体阐释；最后，使用一个句子或者一小段文字来概述这本书的主要内容。经过这样的复述，我们对全书的理解就可以更加深入。

阅读《乡土中国》，可以通过阐释某一概念的意义，写出某一章节的内容摘要，运用列提纲、画思维导图的方式，对全书进行加工。还可以采取多种方式来加工、转化阅读成果：用书中的观点来阐释当今从乡土社会进入城市的“农民工”，看其中的理论是否与当前社会现实吻合，或者存在扞格；用书中有关“乡土”概念，来解释汪曾祺先生在《胡同文化》中所阐释的中国人“安土重迁”的国民性格……

（二）三大阅读策略

美国阅读研究专家艾德勒曾将阅读分为如下四类：基础阅读（识文断字、文字解码）、检视阅读（通过书名、目录、相关章节及前言与后记了解全书）、分析阅读（理解所读作品，对作品加以评价）、主题阅读（围绕一个研究问题开展阅读）[①]。我国学者王荣生也有类似分类，将实用文阅读分为五类：检视性阅读、理解性阅读、操作性阅读（知行合一）、批判性阅读、研究性阅读[②]。

依据学者的研究成果，结合《乡土中国》一书特点及高中生阅读实际，我们推荐《乡土中国》的三大阅读策略：检视策略、细读策略、任务驱动策略。具体阐释如下。

1. **检视策略**

检视阅读是阅读学术类著作不可缺少的方法。通过浏览书名、目录、相关章节及前言与后记，中学生可以大致了解这本书最基本的一些情况，为后续阅读打下基础。

例如，书名是一本书的总纲，需要认真对待。面对“乡土中国”这一书名，读者可以做一番思考。先看“中国”，这是书名中心词，显然本书旨在分析研究中国，阐释中国的某些特征。再看“乡土”，指的是乡村、土地，是农业社会的表征。用“乡土”一词限定中国，显然表现了作者针对中国研究的一些基本结论。从书中的具体阐释也可知道，“乡土”“乡”“土”等类似的词语在书中反复出现，成为高频词。

如果说书名是一本书的“纲”，那么，目录就是我们了解本书的“目”。读者需要认真思考本书十四个章节名，细细思考十四章之间的内在关联，发现其内在逻辑。如此，纲目并重，纲举目张，可以较快了解《乡土中国》的整体框架。此外，还需要翻阅本书的前言与后记，了解此书成书过程及作者的有关阐释。

打个比方，检视性阅读类似于战争中发起正式进攻前的军事侦察，必须尽可能了解对方的地形地貌、基本火力配置等情况，否则就很难取得成效。

---

① 参见：[美]莫提默·J·艾德勒等著．郝明义等译．如何阅读一本书[M]．北京：商务印书馆．2011.
② 王荣生，宋冬生主编．语文学科知识与教学能力[M]．北京：高等教育出版社．2011：73-75.

检视性阅读对于阅读学术类著作而言就是如此重要。

2. 细读策略

要准确理解学术著作，必须对文字做一番精细的解读。需要读者对文中的概念仔细加以甄别分析，思考语句之间的逻辑关系，评判其间的因果关系，分析作者依据什么证据得出的结论，思考作者论述中是否存在自相矛盾之处。

例如，达尔文的《〈物种起源〉导论》中有如下一句话：

如果一位博物学家，对于生物相互间的亲缘关系、它们的胚胎关系、它们的地理分布以及在地质期内出现的程序等等事实加以思考，就可能得到如下结论：物种不是被独立创造出来的……是由以前别的种演变而来……

这句话中，包含了许多需要细读的内容。我们需要思考：

（1）生物间“亲缘关系”是什么意思？我们能够举出例子加以说明吗？例如，灵长类动物与人类就属于亲缘关系。

（2）“胚胎关系”是什么意思？我们能够举出例子加以说明吗？例如，爬行类动物、哺乳类动物乃至人类，在胚胎早期都表现为鱼形，这是否意味着，这些动物最初起源于同一物种？

（3）生物“地理分布”与生物“地质期内出现的程序”这两个概念究竟如何理解？互相之间有何关系？显然，生物“地理分布”是物种在空间环境中形成的差异，生物“地质期内出现的程序”则关乎生物在时间长河中的变迁。

（4）对上述四类事实加以思考，何以能够得出进化论的观点？

这样短短一句话，包含如此丰富的内容，若非仔细阅读，势必无法理解。

在《乡土中国》一书中，类似语段为数不少，自然少不了文本细读。在本书“阅读任务”一章中，设计了有关文本细读的学习任务，大家不妨借助这些任务细读文本，领会《乡土中国》之要义，最终形成阅读学术著作的基本能力。

3. 任务驱动策略

高层级理解有一个显著标志——研究性阅读。

读者对书中的概念、观点能够复述，还只是处于阅读的第一层级。所谓的阅读理解，并不意味着只要我读懂了书本里的意思，能够概括并确定书中的重点内容就大功告成，阅读就宣告结束。“寻找中心思想和概括的行为只是解释文本的开始，而非结束。”[①]阅读不仅仅是理解文章内容，还包括阅读者与文本的互动，需要读者将自己的思考与文本的内容编织在一起。

研究性阅读是整本书阅读的高级阶段，这时读者的想法变得比文本更加重要。读者需要将文本中的内容以及互动阶段的理解加以转化、综合，需要对这些内容加以评估批判，思考这些内容究竟是否正确，有何意义，对自己有何启发。善于阅读的读者在研究性阅读阶段，会将所理解的内容加以综合、加以转化，会对所读内容开展批判性思考。也就是说，他用研究者的眼光，审视所阅读的内容，并将这些内容转化为自己的思考，乃至运用于现实中去解释、解决现实问题。

本书“阅读任务”一章中，也有大量研究性阅读学习任务。读者在阅读时可用来检测自己是否达到研究性阅读层级。当然，也可以借此培养自己研究性阅读这一较高层级的能力，这也是我们编写此书的重要目的之一。

四、《乡土中国》如何教

《普通高中语文课程标准（2017年版）》（以下简称“新课标”）颁布实施以来，高中阶段整本书阅读教学成为必修课程的重要组成部分，受到语文教育界普遍关注。一些语文教育工作者在整本书阅读教法方面做了一些有益探索，但是关于整本书阅读教学内容的研究成果尚不多。高中整本书阅读教学内容是否存在“教学内容不正确、不恰当”的问题呢？这是当前需要关注并予以回应的重要问题。

“新课标”必修部分规定，“整本书阅读与研讨”是一个相对独立的任务群，“应完成一部长篇小说和一部学术著作的阅读，重在引导学生建构整本书的阅读经验与方法”。[②]在统编本高中语文教科书中，入选的整本书分别是《乡土中国》与《红楼梦》。在高中生以往的学习生涯中，已经接触了比较多的文学作品，初步掌握了一些文学作品的阅读方法与技巧，形成了一定的文学作品阅读经验。然而阅读一本学术著作，对于高一学生来说，

① ［加］阿德丽安·吉尔著．朱永新，王林主编．王威译．阅读力：知识读物的阅读策略［M］．南宁：接力出版社．2017：11–12.

② 参见：中华人民共和国教育部．普通高中语文课程标准（2017年版）［S］．北京：人民教育出版社，2018.（后文引述同此注）

具有很大的难度。那么,《乡土中国》这本学术著作应该如何教呢?

(一)《乡土中国》阅读教学内容选择依据

教学内容选择总是具体的、情境化的。王荣生认为,它同时面对两个问题:一是针对具体情境中的一个班乃至一个组、一个学生,为使他们更有效地达成既定课程目标,“实际上教什么”;二是为使具体情境中的一个班乃至一个组、一个学生能更好地掌握既定的课程内容,“实际上最好用什么去教”[①]。这一论断指出,语文教学内容确定应有三个参考依据:① 课程目标与内容;② 用什么去教课程内容,即教材内容;③ 具体教学情境,主要指向学情。

基于此,我们从以下三个方面讨论《乡土中国》整本书教学内容的选择问题。

1. 语文课程目标与内容依据

“整本书阅读与研讨”任务群贯串必修、选择性必修和选修三个阶段。在“教学提示”中,“新课标”强调必修阶段整本书的阅读“重在引导学生建构整本书的阅读经验与方法”。因此,从用教材教学生“掌握课程内容”以“有效地达成既定课程目标”的角度而言,《乡土中国》的核心教学内容是“建构整本书的阅读经验与方法”。

结合“新课标”的“学习目标与内容”部分,《乡土中国》教学内容具体可分为三个层面:

(1)文本内容层面,“读懂文本,把握文本丰富的内涵和精髓”;“把握书中的重要观点和作者的价值取向”。

(2)文本语言层面,“通过反复阅读和思考,探究本书的语言特点和论述逻辑”。

(3)阅读方法层面,“学习前人的阅读经验,根据不同的阅读目的,综合运用精读、略读与浏览的方法阅读整本书”;“通读全书,勾画圈点,争取读懂,梳理全书大纲小目及其关联,做出全书内容提要”;“利用书中的目录、序、跋、注释等,学习检索作者信息、作品背景、相关评价等资料,深入研读作家作品”;“用自己的语言撰写全书梗概或提要、读书笔记与作品评介,通过口头、书面形式或其他媒介与他人分享”。

其中,第三个层面是核心教学内容。

2. 语文教材内容依据

《乡土中国》是费孝通根据在西南联大和云南大学讲授“乡村社会学”这门课程时的

① 王荣生 . 语文课程与教学内容[M]. 北京:教育科学出版社 .2015:225–226,245.

讲义整理出来的一本学术著作，是由 14 篇独立却又相互联系的小论文组成的社会学论著，是认识中国、了解中国的必读学术著作之一。作者通过大量的田野调查和观察，通过大量的对比说明，描述了中国传统农村社会的状况，并提炼出了例如“差序格局”等影响深远的学术名词与概念。

对于这本书的学术价值，费孝通的导师马林诺夫斯基曾说：“我敢于预言费孝通博士的《中国农民的生活》（《乡土中国》外文版书名）一书将被认为是人类学实地调查与理论工作发展中的一个里程碑。”①

本书虽然是一本理论著作，可读性却非常强。对此，孙郁曾评价说：“《乡土中国》许多章节，实可以和沈从文的《边城》《丈夫》《萧萧》等对照来读。费孝通在深沉的学术随想中，竟将一种诗意的美融合在理性的思考里。”② 这足以体现《乡土中国》不像一些晦涩高深的学术著作让学生充满畏难情绪，学术性虽然比较重，却是比较通俗易懂的。

对于这本书的特点，费孝通自己曾经说过：“它不是一个具体社会的描写，而是从具体社会提炼出的一些概念……搞清楚我所谓‘乡土社会’这个概念，就可以帮助我们去理解具体的中国社会。概念在这个意义上，是我们认识事物的工具。”③ 因此，作者把观点都融入了新创的概念中，理解书中的概念就显得极为重要。

“熟人社会”是整本书结论之所以成立的前提和基础，其中最著名的是“差序格局”。在阐述概念时，作者运用了大量的举例论证和比喻论证，在对比“团体格局”和“差序格局”时，作者把中国的人伦关系比喻为水波，把西方的人与人之间的关系比喻为一捆一捆的柴，运用联想和想象就能很好地理解这其中的差异；在阐述“维系着私人的道德”时，分别举了《论语》《孟子》中的例句来佐证人与人之间的人伦差序。费孝通还做了大量的比较，如在阐述“差序格局”这一概念时，作者拿西方的“团体格局”来进行比较区分；在阐述“教化权力”这一概念时，作者先解释了“横暴权力”和“同意权力”。

因此，《乡土中国》一书中提出的学术概念、学术观点的词语和句子，以及体现“本书的语言特点和论述逻辑”的词语和句子，都是需要读者思考并理解的关键词句，读懂这些关键词句以及所需要的阅读方法就是本书阅读教学的核心教学内容。统编本《普通高中教科书语文必修上册》在单元提示中指出：“阅读《乡土中国》，要注意理解书中的关键概

① 张伟明．阅读大师·人文社科卷［M］．北京：中国发展出版社．2003：335.
② 孙郁．百年苦梦：20 世纪中国文人心态扫描［M］．北京：群言出版社．1997：197.
③ 费孝通．乡土中国 生育制度［M］．北京：北京大学出版社．1998：4.

念，把握全书的逻辑思路，了解这本书的学术价值；学会根据阅读目的选择阅读方法，积累阅读学术著作的经验。”[①]

3. 学情特征依据

学术著作不如小说文本那样具有跌宕起伏的故事情节。因此，大部分高一学生对这一类文本不太感兴趣，极少甚至完全缺失学术著作整本书的阅读经验。学术著作太过晦涩、艰深的内容会在很大程度上让学生感到阅读困难，让学生从此对学术著作失去兴趣、产生畏难情绪。如何解决呢？研究者认为，“比较阅读、专题学习、项目学习”有可能解决这一问题。

专题学习是“针对学生生命成长和学业表现中遇到的、能通过阅读和写作予以解决的真实问题，选择文学经典中那些适合高中生阅读水平与认知能力的作品进行有目的、有组织、有设计、有思考、有表达的专门研读和探究，得出符合常识、情理和逻辑的探究结论。最后，学生再把探究过程、探究方法和探究结论写成具有一定规范性、专业性、学术性、综合性的探究小论文或文学作品”。[②]

专题学习是通过“学习任务群”的整合、融通，以学生身心特点、认知策略、思维品质中待解决的“根问题”为内核，整合学习资料，进而促进学生语文核心素养发展的课程实施形态。因此，《乡土中国》整本书阅读的专题学习，可以“整本书阅读与研讨”作为“榫”，“卯”合必修部分“跨媒介阅读与交流”“当代文化参与”“实用性阅读与交流”“思辨性阅读与表达”等任务群，组建专题，专题定向是“做一名阅读者”，核心教学内容是学习社科著作的“阅读方法”。

在设计专题教学之前，笔者对执教班级进行了问卷调查。

其一，学生对作者及其著作比较陌生。调查显示，61.76% 的学生认为费孝通是个著名的小说家，8.82% 的学生认为他是著名金融家，只有 29.42% 的学生知道费孝通是著名社会学家，可见学生对费孝通了解不足。对于《乡土中国》文体的了解，有 38.24% 的学生认为这是一本散文集，17.65% 的学生认为这是一本史学著作，14.71% 的学生认为这是一部长篇小说；有一半的同学凭书题推测出了“财产与继承”不属于《乡土中国》的内容。由此可知，学生对于作者和这本书的内容基本不了解。

① 教育部 . 普通高中教科书语文必修上册 [M]. 北京：人民教育出版社 .2019：79.
② 张秋玲 . 移动互联网生态环境中的语文专题学习 [J]. 中小学数字化教学 .2017（2）.

其二，学生有一定的阅读期待，但不知如何阅读这类著作。从“阅读期待”方面看，有 70.59% 的学生希望“了解中国的乡村历史和文化”，17.65% 的学生希望“寻找周边社会现象的学理解答”。这些“阅读期待”与文本内容具有较高的相关性。从“阅读方法”方面来看，在阅读结束后会经常进行列提纲或画思维导图的只占 14.71%，每次都梳理的只占 2.94%。由此可见，学生在阅读这类书籍时，阅读方法的掌握和使用情况还不太乐观，需要进行指导和规范。

其三，学生缺少阅读整本学术著作的经验。结合整本书的内容来看，高中学生在阅读整本书的过程中，字词障碍基本上是没有的，学生读过一些实用文章，掌握了一些实用文章的阅读方法，但是学生是首次接触社会学、人类学学术著作。另外，根据调查发现，学生在读完整本书后梳理全书框架、了解主要观点的情况还不是很理想，对这本书的持续阅读兴趣也很难保持。由于在语文经验上，学生对古汉语表达在理解上还存在障碍，书中所列举的《论语》《孟子》中的例子，孔孟的道德系统是直接用原文呈现的，学生理解起来有一定难度。对于西方宗教的例子，阿波罗和浮士德两种文化模式，由于接触得比较少，学生也具有一定的隔膜感。

其四，学生缺少乡村社会生活经验。长期小家庭的居住环境导致学生对小家族和大家族这一社群结构的性质，不能做很好的区分。而且男女性别平等的观念早已深入人心，对于书中的性别鸿沟学生不能较好理解；对于书中所谓的礼治秩序，学生受长期法制宣传的影响，也会有不同意见。生活经验的缺失以及语言经验的相对陌生，会直接影响学生对于书中概念的理解。

基于以上学情，《乡土中国》整本书阅读核心教学内容主要有三个方面：

（1）学习阅读社会科学著作的方法并形成阅读经验；

（2）理解全书内容，特别是学术概念和作者核心学术观点；

（3）把握全书的语言特点及论证逻辑。

（二）《乡土中国》阅读教学内容选择示例

1. 专题学习目标的定位

专题学习，首先要进行定向，即完成专题学习后，依据学生“阅读行为由浅表阅读到深层阅读的深化”，可以分为“阅读者”“思考者”和“思想者”三个定向层次。

依据“新课标”所定必修部分的“学习目标与内容”和教科书编写建议，我们把《乡土中国》整本书专题学习定位为“成为一个阅读者”，即通过本专题的学习，学生能根据社科论著的阅读目的和文本类型，自动、灵活、快速、有效地使用不同阅读策略，熟练地完成预设的学习任务。具体学习目标确定如下：

（1）语言目标

• 熟读《乡土中国》，了解学术语言的特点，抓住核心学术概念，通过联系语境、查阅工具书等方式，理解作者书中的重要概念与学术观点。

• 理解调查研究的一般结构，通过调查、访谈，正确运用学术语言，为调查报告撰写纪录脚本。

（2）思维目标

• 根据特定的任务情境制定阅读计划，自主设计阅读记录单，综合运用精读、略读和浏览、圈点批注等阅读方法阅读整本书。

• 运用思维导图梳理《乡土中国》的逻辑结构，运用比较、分析、综合和归纳等思维方法，建构阅读学术类著作的经验。

（3）价值目标

• 从《乡土中国》中了解中国基层社会的特点与变迁，激发关注底层生活的兴趣，学会从学术的视角关照当下的乡村生活。

• 从《乡土中国》一书中感悟作者科学严谨的治学态度和科学精神，通过调查研究，在撰写调查报告的过程中领悟这种态度和精神。

2. 专题学习教学内容的选择

本专题以《乡土中国》“整本书阅读与研讨”为核心，聚合“当代文化参与”“跨媒介阅读与交流”“思辨性阅读与表达”“实用性阅读与交流”等学习任务群，拟定了“对话社科论著经典《乡土中国》”的主题，授课时间为四个课段共24课时。

【课段一：走近中国的基层社会（4课时）】

学习任务：自主阅读一组反映中国基层社会中乡村生活的文章（吴宏博的《怀念泥土》、胡鸿的《父母在，故乡在》、王磊光的《一个博士的返乡笔记》和新闻报道《中国陪读家长在美国耶鲁校园内种菜》），观看视频《中国美丽乡村安吉》，结合你自己的生活经验，选择上述材料共同关注的话题，写一篇500字左右的读后感，与同伴交流阅读体验和感受。

教学内容选择：阅读不同文体的文本，抽取相关信息，运用归纳法确定核心议题，发表自己的观点和感受。

【课段二：走近《乡土中国》的理性思考（12课时）】

学习任务一（2课时）：浏览"写在前面""重刊序言""目录"和"后记"，了解本书的学术地位、主要内容、成书背景、写作目的等信息，制订自主阅读计划，设计阅读记录单。

教学内容选择：①运用浏览、圈画等阅读方法搜索信息，了解作者、写作背景、研究目的、研究问题、基本观点等信息；②依据阅读目的、文本类型（分章节、运用学术概念和阐述观点）制订阅读计划，设计阅读记录单。

《乡土中国》整本书阅读记录单示例：

时间安排	章节名称	不理解的学术概念	主要观点摘录

学习任务二（4课时）：浏览全书，填写学习任务单。

教学内容选择：运用浏览的方法（留意开头结尾，注意阐述观点和定义概念的句子，其他地方扫读）读整本书，提取相关信息。

学习任务三（3课时）：细读前四章《乡土本色》《文字下乡》《再论文字下乡》《差序格局》，联系上下文并查阅相关词典、百科全书等工具书，用自己的话阐释学习任务单中前四章的概念。在此基础上，向全班同学推荐一个最为核心的概念，在解释的基础上说明推荐的理由。

教学内容选择：①理解学术概念的方法：联系语境法、查阅工具书法、比较辨析法；②抓核心概念，运用比较、辨析的方法在理清相关概念关系的基础上，抓住"差序格局"这一核心概念，用心推敲，领会其内涵及在全书中的地位。

学习任务四（3课时）：在细读第五章《维系着私人的道德》并学习画思维导图的基础上，用思维导图的形式向没有读过本书的读者介绍本书的主要内容。

教学内容选择：①思维导图绘制的方法（思维导图的读图顺序、思维导图的绘制规则[①]）；② 用关键词提取法、分析法厘清论证思路，把握全书逻辑结构。

【课段三：探究《乡土中国》的言语逻辑（5 课时）】

学习任务一（3 课时）：检索相关材料，在班级阅读群上传以下文献：彭兆荣《魂之归兮，乡土中国——费孝通的乡土情结》，《西北民族研究》，2018 年第 3 期；王铭铭《费孝通与乡土中国》，《中南民族大学学报（人文社会科学版）》，2010 年第 4 期；孙郁《费孝通：乡土情怀》，《社会科学辑刊》，1998 年第 2 期；韩金桥《现代社会的乡土魂——浅析〈乡土中国〉》，《时代文学》，2015 年第 12 期；李玥《中国乡土社会之面貌——读〈乡土中国〉有感》，《传播力研究》，2018 年第 20 期；刘世定《〈乡土中国〉与"乡土"世界》，《北京大学学报（哲学社会科学版）》，2007 年第 5 期；张功力《对中国乡土社会的再认识——读费孝通〈乡土中国〉》，《天水行政学院学报》，2019 年第 1 期。请选择其中的 2—3 篇进行阅读，分别从以下选题中择取其一，结合《乡土中国》具体内容，写一篇不少于 600 字的分析性小论文分享到班级阅读群里：① 论点句的表达特点；② 材料和观点的关系；③ 说理的逻辑特点。

教学内容选择：① 借助助读材料，理解本书的语言特色和逻辑结构；② 学习小论文的写作方法（问题的提出、观点的提出、材料的选择和结构的安排）。

学习任务二（2 课时）：观看《"看理想·一千零一夜"之〈乡土中国〉》、央视《读书》栏目之《乡土中国》与湖北卫视纪录片《大揭秘》之《社会学大师：费孝通》等视频资料，并自主查阅费孝通的相关资料，向北京大学校长写一封召开"费孝通诞辰 110 周年纪念大会"的建议信。

教学内容选择：① 了解并认同作者献身社会科学的精神和严谨的治学态度；② 学习建议信的写作知识（观点与材料相结合，根据表达需要选择语气、语调）。

【课段四：走出《乡土中国》，反思乡土文化（3 课时）】

学习任务：费孝通曾这样说过："我不太愿意把这本不成熟的书拿出来，它之所以不成熟，是因为日本人占领并破坏了我所描述的村庄，我被剥夺了在近期做进一步的实地调查的机会。"某电视台要拍摄一部《一个千年古村的最后十三个人》的纪录片，反映当下乡村生活并反思乡村文化问题。请你在阅读《一个千年古村的最后十三个人》调查报告的基础上，结合《乡土中国》的相关研究和观点，撰写该纪录片的解说词。

① 赵国庆．别说你懂思维导图［M］．北京：人民邮电出版社．2015：2-8、42-54.

教学内容的选择：①了解调查报告的文本特征，并筛选关键信息；②学习电视纪录片解说词的写法（了解景别即全景、中景、近景、特写和显微的相关知识，图文相配，描述与议论相结合，运用《乡土中国》中的观点解释当下乡村的文化现象）。

（三）结语与反思

“新课标”指出：“语文课程应引导学生在真实的语言运用情境中，通过自主的语言实践活动，积累言语经验，把握祖国语言文字的特点和运用规律，加深对祖国语言文字的理解与热爱，培养运用祖国语言文字的能力；同时，发展思辨能力，提升思维品质，培育社会主义核心价值观，培养高尚的审美情趣，积累丰厚的文化底蕴，理解文化多样性。”

《乡土中国》整本书阅读专题教学设计，基本符合“新课标”关于学术著作“整本书阅读与研讨”的“教学目标与内容”，遵循了《乡土中国》的文本特点，并充分考虑了高一学生的学情特点，尝试在确定专题学习目标、创设任务情境的基础上选择合宜的教学内容，直指高中生语文核心素养的培养。

本书第三章还设计了众多学习任务，总体上从“读什么”“怎么读”以及“在什么情境下读”三个维度，让学生在真实或拟真的任务情境中学习社科论著的阅读，不仅有效地积累社科论著的阅读经验，掌握必要的阅读方法，还把阅读和写作有机结合起来，全面提升语文读写能力。这与温儒敏的主张——“《乡土中国》其实未必那样遥远。读完了，也许就从中学到如何阅读社科论著，如何分析思考社会现象，如何做一个有头脑、有见识、有担当的青年”[①]——是基本一致的。

① 温儒敏.《乡土中国》导读.乡土中国［M］.北京：人民文学出版社.2019：3.

第二章　阅读导航

如何把握《乡土中国》的概念术语
如何梳理《乡土中国》的逻辑框架
如何以思维导图理解《乡土中国》
如何开展《乡土中国》的任务学习

一、如何把握《乡土中国》的概念术语

本书第一章“《乡土中国》读什么”一节中专门阐释了学术著作阅读尤其需要研究其中的概念术语，称概念术语就是学术著作这一大厦的基石，并介绍了理解概念的两大路径：既要关注阐释定义概念的语句本身，又要研究概念表述的语境。

本节我们拟从更加宏观的层面讨论阅读学术著作如何把握概念术语的问题，以求更准确充分地理解《乡土中国》一书中概念术语的含义。

（一）了解概念术语的来龙去脉

在学术著作中，概念术语不是凭空产生的，一般都有其渊源所自。正确理解一个概念需要充分了解这一概念的形成、发展过程。

例如，“差序格局”这个概念，可以说是费孝通对于中国人类社会学理论，乃至世界人类社会学理论所做出的最大贡献。当代社会学者郑也夫在《评〈乡土中国〉与费孝通》一文中曾经指出：“可以毫不夸张地说，中国高校社会学研究生入门考卷中最常见的名词解释是‘差序格局’。这是因为中国社会学教授和学者们认为，《乡土中国》中的这一术语是中国社会学对世界社会学理论的最大贡献。”

不过，郑也夫在《评〈乡土中国〉与费孝通》（见《中华读书报》2015 年 9 月 16 日）一文中同时指出：“笔者认同这一术语的价值，但认为它非一人之功。潘光旦 1940 年发表《明伦新说》，1947 年 12 月 11 日发表《说伦字》，1948 年 2 月 26 日发表《‘伦’有二义》，1948 年 4 月发表《说‘五伦’的由来》。费孝通是在潘光旦研究的基础上，抽绎出‘差序格局’的概念。”

这里，郑也夫非常明确地指出了费孝通这一重大学术贡献的渊源所自，那就是费孝通的师友兼同事、被誉为清华百年历史上“四大哲人”之一的社会学家潘光旦（另外三大哲人分别是叶企孙、陈寅恪、梅贻琦）。

潘光旦早年留学美国，学成归国后在上海、长沙、昆明、北京等地多所大学任教，在 20 世纪二三十年代中国思想文化界群星璀璨、名人济济的行列中，以其学贯中西、博通古今的学问和卓然不群的独到见识，成为一位光彩照人的学界泰斗。

潘光旦和费孝通都爱散步，傍晚时分，人们常看见这两个人到中央民族学院校门外散步。那些不知青红皂白的小学生争相围观，呼叫那个大胖子（费孝通），还在后面向他们扔石头。1967 年 6 月 10 日晚，潘光旦死在了学生费孝通的怀中。在这两位社会学家身上，的确存在着一种“平生风义师兼友”的精神境界，在学术研究上，费孝通的确也深受潘光旦的影响。只不过，限于篇幅，费孝通没有具体展开来讲，他是受了潘光旦的启发，才提出了“差序格局”这一核心概念的。

不过，即便我们没有读过郑也夫在上文中提及的那几篇潘光旦的论文，我们也可以从《差序格局》一文中找到费孝通深受潘光旦影响的影子，因为费孝通在这篇文章中，明文摘引了潘光旦的论文。原文如下：

以“己”为中心，像石子一般投入水中，和别人所联系成的社会关系，不像团体中的分子一般大家立在一个平面上的，而是像水的波纹一般，一圈圈推出去，愈推愈远，也愈推愈薄。在这里我们遇到了中国社会结构的基本特性了。我们儒家最考究的是人伦，伦是什么呢？我的解释就是从自己推出去的和自己发生社会关系的那一群人里所发生的一轮轮波纹的差序。“释名”于伦字下也说“伦也，水文相次有伦理也”。潘光旦先生曾说：凡是有“仑”作公分母的意义都相同，“共同表示的是条理、类别、秩序的一番意思”。（见潘光旦《说伦字》，《社会研究》第十九期）

这里，费孝通摘引的部分只限于对“伦”字的解释，而未及潘光旦对“伦”字的引申和论述，如果我们稍加拓展，阅读一下潘光旦这篇论文的主要观点，就可以明显地看出其对费孝通的影响。潘光旦在这篇论文中指出：

在中国讲社会学，最应该联想到的两个字是“群”与“伦”……社会学也未尝不可以叫作伦学或伦理学……不过早年从事于这学科的人事实上并没有想到这可能的译名，或虽想到而没有敢采用，可能是因为从事于道德学的研究的人已经捷足先登地把西文 ethics 译成了“伦理学”……伦字从人从仑。《说文》说：仑，思也，从亼从册。……则我们可以的进一步解释是：思想需要条理，册指条理之分，亼指条理之合。……凡属从仑的字都有条理与秩序的意义。……伦，从人从仑。《说文》说：“伦，辈也。”辈字也有类别和序次的意思。……《尔雅》《释名》说：“论，伦也；有伦理也。”《释名》于沦字下，也说：“沦也，水文相次有伦理也。”（潘光旦《说伦字》，1947 年 12 月 11 日）

由此不难看出，早在费孝通提出“差序格局”这一核心概念之前，从严复到潘光旦，早就认识到了在西方社会学和中国伦理学之间存在着内在的统一联系，并通过追踪“伦”字的字源，探究中国传统社会的基本特征。费孝通正是在前人研究的基础上，鲜明地提出了一个颇为得当的核心概念，才做出了其别具一格的学术贡献。

郑也夫在《评〈乡土中国〉与费孝通》一文中曾经指出：

国学是费孝通的短板。一位研究费孝通的学人告诉笔者，他从英国留学归来谋职，曾被一所机构拒绝，认为他国学太薄。我很震惊。一方面，费有国学之外的学术强项；另一方面，他对当下的社会有超强的敏感，几年后成为中国最活跃的公知。我一直以为，社会学系不是数学系、物理系，若该系中一位公知都没有，将是一大缺憾。笔者尚未证实此说，但其他资料似可说明：费不喜欢也不擅长训诂和国史。

笔者一向以为，中国社会学前辈中，非一花独秀，有双峰并峙，即潘光旦和费孝通。学术研究非常重视独创。一项独创即可提升一个学者的学术地位。若“伦与差序格局”的思想是费孝通独创，则可以奠定其在中国社会学史上的首席地位。但若撇开这一贡献比较二人，笔者认为，潘第一，费第二。

从上面这段话中，我们可以看出，郑也夫对于费孝通的国学功底有所质疑，这的确是《乡土中国》这本书的一大缺憾。

（二）比较其他学者的不同界定

同一个概念，不同学者的界定是有所不同的，这在社会科学领域中颇为常见。“团体格局”概念就是一个典型的例子。

在《差序格局》这篇文章中，除了“差序格局”这一核心概念之外，还有一个与之相对应的核心概念，那就是费孝通借以界定西方现代社会的基本特征的“团体格局”。可惜，费孝通限于篇幅，在文中只对“差序格局”展开了较为深入的论述，对于只是作为陪衬出现的“团体格局”的论述略显简略，我们在此略加补充一二。

英国学者艾伦·麦克法兰在《现代世界的诞生》一书中，曾经就西方现代社会的“团体格局”做过专章论述，“团体格局”在现代社会中的具体表现就是俱乐部和社会团体的大量涌现。麦克法兰通过研究英格兰的历史发现，俱乐部和社团构成了英国社会结构的基石，其基本特征为：

它们基于人的成就，而非基于人的归属。

它们基于契约，而不是基于身份。

它们怀有有限的鹄的和宗旨，并设定一个或一套具体的——细化而非泛化的——目标。

它们具有选择性——只有某种特定的人才能成为某个特定俱乐部或社团的成员；不过它们也可能被竞争对手复制。

它们与同样性质的——如游戏的、音乐的、教育的——其他社团之间经常发生暗中的或公开的竞争。

它们以一种官僚机构式的组织实施管理，设有主席、秘书、会计和管理委员会。

它们大多拥有资产，如庭院、楼堂馆所、会议室。

它们通常拥有自己的象征性标志，如纹章、徽章、领带、箴言。

它们的成员一般由现时成员挑选——通过民主投票以及对提名的否决权。

它们不是由国家设立的正式团体，也不受国家控制。

它们可能设有特定的标准，如财富、性别、技能等，以此决定一个人是否有资格入选。

它们收取会费和捐款，用来支付它们的活动。

它们拥有一个名字和一段历史。

它们通常采用面对面形式，成员之间互相认识。

它们克制自己，不干预成员在其他方面的生活。

它们有一套明确的行为准则。

它们可以开除并确实开除违反这些准则的成员。

它们通常由一个强悍人物所缔造。

它们可触及任何类型的活动，包括犯罪，但是一般都合法守法。

它们往往存续多年，有的甚至存续几百年。

麦克法兰认为：“俱乐部、联谊会、学会、协会形成了无数张网络，这些网络的出现创造了一个公民社会，在公民社会中，公共货物由私人供应变成了现实，造成了一个我们不妨称之为公民经济的体系……由于公民社会的发达，英格兰在一种无可比拟的程度上解决了所有社会面临的一个普遍问题，即如何建立公共信任和博爱。”

不仅如此，麦克法兰进一步指出：“若不考虑公民社会的作用，就无法理解现代世界何以能在不列颠小岛上诞生和存续；若无信任和合作精神将英国个人主义的、流动的人民凝聚在一起，就不可能实现议会民主制所导致的政治融合，不可能实现一种举世无双的多元而宽容的宗教格局，也不可能实现技术创新和辉煌的科学成就，更别提运动、游戏、文学、艺术领域的成就了。”

由此可见，“团体格局”虽然未必就是西方现代社会的本质特征，但是假如没有俱乐部、社会团体等社会网络的大量涌现，就无法缔造一个真正的公民社会。而在中国传统社会中，自古以来，哪怕是在最为鼎盛的康乾盛世，为何就没有形成这种“团体格局”呢？

当代学者张宏杰在《饥饿的盛世——乾隆时代的得与失》一书中沉痛指出：“乾隆朝的专制政治发展到了极致，它打破一切民间自发组织的可能，把一切社会能量纳入政治控制之下。读书人因讲学而聚会，因聚会而议论，正是一种人主无法完全驾驭的力量，是必须禁止的。他训诫大小臣工、读书士子，对道学只要埋头潜修、躬行实践就行了，不可以道统所在自居，大讲其仁义道德。”

因此，即便在明朝末年，江南地区就出现了所谓的“资本主义萌芽”，即便在明末清初，西学就随着利玛窦、汤若望这些传教士传入了中国，即便在 GDP 占比当时全球三分之一的康乾盛世，中国也未能成功地“走出中世纪”，从而冲出所谓的“历史三峡”，而是变成了西方学者所谓的“停滞的帝国”，沉溺在“天朝上国”的迷梦中不能自拔。

（三）参照其他研究者的相关评价

一个概念，总是在学术共同体交相诘难中不断丰富完善的。因此，要全面理解《乡土中国》中的概念术语，还需要借助同时代人或后人的评价。

费孝通在《乡土中国》这本书的第四章中提出了“差序格局”这个核心概念之后，围绕着“差序格局”这个中国乡土社会的基本特性，先后又撰写了三篇文章加以展开论述，即《维系着私人的道德》《家族》和《男女有别》，分别阐述了中国乡土社会的道德观念、基本社群和感情定向，这三篇文章的逻辑前提都是“差序格局”，都是在“差序格局”的基础上推演出相关结论的。

从《乡土中国》这本书的第八章开始，费孝通开始探讨中国乡土社会如何维持社会秩序的问题。费孝通在第八章中提出了一个非常重要的论断：中国的乡土社会是“礼治”的社会，即所谓“礼治秩序”。

《差序格局》代表了这本书对中国人类社会学做出的最为重要的学术贡献，而《礼治秩序》则招致了后继者各种批判性的分析和意见，成为众说纷纭的聚讼焦点。

对《礼治秩序》最严厉的批评和指正来自秦晖的《传统十论》。在这本书中，秦晖从根本上否定了中国传统社会的“礼治秩序说”，提出了一个更为准确的事实判断——“儒表法里说”。秦晖对此这样阐述道：

“儒表法里”即在表面上承认多元共同体权威而实际上独尊一元化的大共同体，讲的是性善论、信的是性恶论，口头的伦理中心主义、实际的权力中心主义，表面上是吏的儒化而实质上是儒的吏化。在社会组织上，则是表面上崇尚大家族而实际效果类似“民有二男以上不分异者，倍其赋”。

为了更为形象地阐述“儒表法里说”，秦晖在《传统十论》中整理了下列表格：

儒表法里	
儒家吏治观	法家吏治观
性善论	性恶论
伦理中心主义：亲亲上贤，竞于道德	权力中心主义：贵贵尊官，争于气力
行政正义优先	行政安全优先
“贤者居位”：德治	强者为王：刑治
从道不从君	君权至上
重视“仁义道德”	重视“法、术、势”
特殊主义“礼治”	普遍主义“法治”
“儒为帝师”	“以吏为师”
提倡不怕死、不贪钱的清流精神	排斥不畏重诛、不利重赏的无益之臣
“出以公心”的荐贤制	形式主义的考试制
“内举不避亲”	厉行回避制
主信臣忠，用人不疑	以私制私，设事防事

由此可见，费孝通的“礼治秩序说”只是停留在中国传统社会的“表面上”，未能从“实质上”对中国传统社会的统治秩序做出正确的判断。这无疑是一个重大的遗憾。正是基于这种误判，费孝通在《乡土中国》后半部分中对中国传统社会的特性所做的深入分析都成了无源之水，无根之木。

美国社会学家赖特·米尔斯在《社会学的想象力》一书中罗列了社会科学中最常用的十几种概念，都涉及从封建时代的乡村共同体到现时代的都市社会的历史过渡，这些概念无论在多么宽泛的意义上使用，都扎根于历史的观念。我们把这些概念整理一下，以表格的形式呈现出来。在阅读《乡土中国》过程中，我们还需要借助工具书，查阅一下这些社会转型理论中的核心概念的具体含义是什么。

社会转型理论		
社会学家	传统社会	现代社会
梅因	身份	契约
滕尼斯	共同体	社会
马克思·韦伯	地位	阶级
斯宾塞	尚武社会	工业社会
库利	首属群体	次属群体
涂尔干	机械团结	有机团结
雷德菲尔德	乡俗文化	城市文化
贝克尔	神圣的	世俗的
拉斯韦尔	协商社会	警备国家
圣西门	三阶段	
帕累托	精英循环	

由此可见，费孝通的“礼治秩序说”用以描述中国商鞅变法以前的周朝社会还比较合适，毕竟相传“制礼作乐”的先贤是周公姬旦，而平王东迁以来，中原社会就已经陷入“礼崩乐坏”的春秋五霸逐鹿群雄的历史时期，连志在“克己复礼”的孔子都在感慨“久矣，吾不复梦见周公”，更遑论那些“汲汲于富贵”的陪臣士大夫们呢？

费孝通所谓的“礼治秩序”，不但只是停留在“纸面上”的本质主义的儒家礼仪，实际上就是一种“法制”，只不过这种“法制”跟现代意义上的“法治”完全不是一回事。这是一对非常容易被混淆的概念，在此，我们不得不详加辨析。这两个概念乍看起来大同小异，事实上却具有本质的区别。

法制指一个国家的法及其法律制度，而法治却强调一个国家处于依法治理的一种状态。法制的内涵比法治要小得多。法制着重讲的是法的一系列规则、原则及与此相关的制度，而法治的内容就要丰富得多。一般讲，法治所体现的是一种依法办事的良好社会状态，至少应包括这样一些内容：一是这个国家要具备完善而良好的法；二是这种法要得以普遍而自觉的遵守；三是已建立健全完备的使这种法得以正确适用与遵守的国家权力机构体系，而且这种权力机构体系是以权力的互相制约、监督为前提条件的。法治就是在法及其司法体制健全的情况下，在完全地服从于和体现了社会的整体利益与群体意志的前提条件下，能最大限度而充分地发挥个人意志与行为自由的一种社会状态。

在明确了法制与法治的基本含义之后，就会看出二者有许多区别。诸如法制所讲的法主要指静态的法的规则及其体系，而法治所讲的法除静态的法的规则及其体系之外，还包括动态的立法、司法、行政执法以及守法等活动。

法制所讲的法律制度既可以是好的、民主的法律制度，也可以是不好的、专制的法律制度；而法治所讲的法律制度单指良好的、民主的，能使法得以正确适用和普遍遵守的法律制度。

法制社会中的法与民主的关系既可以是与民众的意志相统一、体现了民众意志的法，也可以是与民众相对立、是统治者统治民众的工具的法；而在法治社会中的法，则完全体现的是主权在民、政治民主。

法制社会中，法对权力的规范和约束既可以是所有的人和一切国家机关，也可能是在法的约束和规范之外仍然存在着一个至高无上的权力独裁者或权力机关，也就是说法制并不必然地排斥人治。而法治社会中法对权力的约束和规范却是完全的、绝对的，包括一切的权力机关和所有的个人，法治必然地排斥人治，法在法治社会中至高无上，除此之外不存在绝对的个人或权力机关的至上权威，而且所有的国家权力都予合理配置和划分，并相互制约。

在经过上述的简单分析之后，就很容易得出一个结论：在现代社会条件下，需要的是法治，而不是单纯的法制。法制可以存在于奴隶的、封建的、资本主义的和社会主义的任何社会形态之中，而法治只能存在于民主政治的社会形态中。因此，我国现在所提倡和努力建立健全的是现代意义上的依法治国和法治国家。

法治与人治截然对立。法治强调社会中单个的所有的人的自由、独立与平等，反对迷信和个人崇拜。法治坚决反对社会中存在着无与伦比的智慧超群、道德高尚的圣人贤哲，强调群体的智慧和道德高于个人。它既强调和尊重个体的自由、独立与价值，又以群体的意志对个体的行为加以有效限制为基础。

显然，法治远远优越于以个人专制独裁为根本特征的人治。法治的基本原则以良好的法的制定与遵守，以及确保法的适用与遵守的完善的国家权力机关体系的存在为主要内容。要实现这一原则，达到法治的目标，尚需付出长期不懈的艰苦努力。然而，社会主义法治国家在我国的建立和健全，却已是必然趋势。

（四）梳理作者的概念理解过程，客观评价作者的局限

对一个概念的理解，任何人都面临着一个由浅入深不断接近本质的过程。阅读《乡土中国》一书，要真正全面理解书中关键概念，还需要研究作者由于受时代所限以及受个人条件所限而存在的局限性。

在明确了法制与法治，法治与人治的根本区别之后，我们回过头来再看看费孝通的《礼治秩序》这篇文章，就会发现，由于时代的局限性，费孝通在这篇文章的开头就混淆了法制与法治的区别，费孝通所阐述的“法治与人治”的区别，实际上是“法制与人治”的区别。而中国自古以来实际上就是一个“法制”国家，它赖以维持社会秩序的工具，既包含了温情脉脉的“礼法”，也包括了赤裸裸、冷冰冰的“刑法”，我们在“礼不下庶人，刑不上大夫”这句话中就可以看出《礼记·曲礼》是以“礼法”与“刑法”对举的，由此也可以看出二者是不可偏废的。

历史上的商鞅变法，对“法制”的改革方案，只不过是想彻底废除温情脉脉的儒家“礼法”，而一律遵从赤裸裸、冷冰冰的法家“刑法”而已。秦朝末年的农民战争虽然推翻了“暴秦”，但是“汉承秦制”，全盘接受了商鞅式的赤裸裸、冷冰冰的法家“刑法”，只不过到了汉文帝时期略做改革，改“肉刑”为“徒刑”，而到了汉武帝时期的“罢黜百家，独尊儒术”，则是给它披上了一层“礼法”的面纱而已。秦晖所谓的“儒表法里”，至此也就修成正果了。

从《乡土中国》的第十章《无为政治》开始，费孝通逐渐放弃了他所擅长的形象思维，转而使用起他原本并不擅长的概念思维来。费孝通先后提出了四个核心概念：横暴权力、同意权力、长老权力（起初被称为教化权力）和时势权力，借以分析中国乡土社会中的

权力结构。这四个核心概念分别出现在第十章《无为政治》(横暴权力和同意权力)、第十一章《长老统治》(长老权力)和第十三章《名实的分离》(时势权力)。

费孝通在《乡土中国》后半部分中，对于中国传统社会的权力结构的概念界定和学术分析，看似自成体系，但是为何没能像“差序格局”和“礼治秩序”那样，在人类社会学界引起广泛的注意呢？关键在于费孝通对于社会权力的这种划分方法并不科学，关于“横暴权力”和“同意权力”的说法，多少还有点科学性，其分类标准还是比较明确的，但是关于“长老权力”和“时势权力”的说法就有点皮相了。

按照费孝通的说法，“时势权力”既然只是发生在新旧两种社会结构交替的特殊时期，就不能作为中国传统社会的权力结构加以考察，何况发生在“文化英雄”跟“普罗大众”之间的影响关系，根本就构不成权力关系，在后者看来，前者只是一种权威而已。在这里，费孝通非常明显地混淆了一对非常重要的概念，那就是权力和权威。

权力与权威是政治学的核心范畴。从政治学的角度看，权力是迫使对方服从的制度性强制力量，权威是一种使对象因信服而顺从的影响力，两者的实质性区别是强制服从和自愿服从。权力与权威的共同性在于能够指导、影响他人的意识和行动。在权力与权威的指示与感召之下，人们改变了自己的想法，而按照权力与权威占有者的意志行事。

权力(power)对应于人类的不但是行动的能力，而且是一致行动的能力。权力永远不会成为某一个个人的性质，它属于一个群体。且只有在这个群体聚合在一起的情形下，才维持其存在。当我们说某个人“拥有权力”时，我们实际上是说他被一定数目的人授予以他们的名义行动的权力。权力最初来源的群体一旦消失，权力就会跟着消失。

权威(authority)的标志是被要求服从者的不加质疑的承认；无论是强迫还是说服，都是不需要的。这是对权威的最简明、精要、深刻的界定。权威之所以是权威，就在于它既不需要说服(权力才需要说服)，也不需要强制(强制即暴力，强制服从就不再是“不加质疑的承认”了)。使用强力或暴力(比如父亲打儿子)或者理性说服(父子辩论)都会导致权威的丧失，前者表明施暴者没有权威所以才诉诸暴力，后者表明权威虽然不是以暴力和强制为基础，但其基础仍然是人和人之间的不可讨论、拒绝讨论或经不起讨论的等级关系、不平等关系。被不加质疑地奉行和遵守的传统、禁忌、习俗，就是最典型的权威，它们既不必诉诸暴力或武力，又不容置疑，不可讨价还价。在这里，“不加质疑”是关键。

权威不需要论证和讨论，常常也经不起讨论，服从权威是一种非反思但又自愿(而不是强迫的）的行为。正因为这样，汉娜·阿伦特说："权威的最大敌人是轻蔑，而破坏它的最有效的方法是嘲笑。"轻蔑和嘲笑就是不承认，不承认就不成其为权威。当一个人或机构受到人们的嘲笑的时候，他或它的权威即已烟消云散，即使人民没有通过暴力或论争来摧毁它。

由此可见，权力不等同于权威，二者之间具有明显的区别，这主要表现为：

1. 权力与权威的来源不同。在一个现代组织中，领导权力一般来源于法律、法规或组织规章条例的规定，具有外在的、法定的性质。而领导权威则主要来源于个人影响力。

2. 权力与权威的表现形式不同。领导权力主要以职权形式出现，其所发挥的指引与影响作用是以强制性做后盾的。而领导权威则主要表现为领导者自身的良好素质，从而通过一种非强制性的影响力来统御被领导者与周围的人。

3. 权力与权威的影响时限不同。领导权力是通过命令、批示等强制手段产生影响的，具有直观、明显的特点。这种权力随着职务的产生而产生，也必将随着职务的终止而消失。而领导权威则不同，它来自领导者的自身，通过领导者的崇高威望和优良品行感染并影响人们的言行，使人们在心理上认同，从感情上接受。

4. 权力与权威的作用效果不同。领导权力带有强制性和不可违抗性，在这种强大"外力"的作用下，被领导者的心理和行为一般多表现为消极被动的服从，有时处于敢怒而不敢言或敢言而不敢动的反抗状态。而领导权威产生作用的前提是人们心理上的认可与感情上的接受，在这种"内动力"的作用下，人们对领导者时常表现出一种由衷的尊敬与主动的服从和依赖，并能创造性地开展工作，圆满完成各项任务。领导者只有同时具备法定的权力与个性化的权威，才能实行最佳领导，并取得最好的绩效。

当代学者俞可平认为，权力本质上是一种强制力量，而且首先是国家的强制力量。行使这种强制力量的直接目的是迫使对方服从掌权者的意志，但其最终目的是为了夺取或维护掌权者的利益。然而，并非所有强制力量都是权力，没有制度授权的强制是暴力；也并非所有获取利益的能力都是权力，通过交换获取利益的行为通常并不表现为权力。迄今为止，权力的最高形态是国家权力，但除了国家权力之外，社会上还存在大量非国家形式的权力。从政治学的角度看，就本质而言，权力是迫使对方服从的制度性强制力量。

权威与权力均属于关系性概念，是主体与客体的相互作用。权威与权力的共同特征是使人服从，但权威是对方的自愿服从，自愿服从是权威的本质属性。权威的主要基础是权力，把权威界定为合法性的权力，确实抓住了权威的实质。然而在现实政治生活中，一方面，毕竟还有大量的权威来源于合法化的权力之外；另一方面，离开权力或强力的权威，毕竟不是政治权威的主流。“强力所在，权威失效”还只是一种政治理想。权威也与权力一样，均是使人顺从的力量，但权威导致的顺从还须经过对象的理性判断，它不像权力那样直接。如果说权力是一种直接的强制力，那么权威则是一种间接的影响力。从这个意义上说，权威是一种使对象因信服而顺从的影响力。

由此可见，费孝通所说的“横暴权力”和“同意权力”才是真正意义上的权力，而“长老权力”和“时势权力”只能算得上是权威而已。因此，费孝通关于中国传统社会的权力结构的概念界定就很难成立了。

由于历史的局限性，费孝通这部出版于20世纪前叶的《乡土中国》在使用一些政治概念时，往往界定得不够清晰，以至于会出现概念混淆的问题，给我们今天的阅读和理解造成一定的困扰。

为此，笔者特意从英国学者安德鲁·海伍德的《政治学核心概念》一书中精选了九个关于“价值”的核心概念，引用原话对其加以界定、辨析和描述，并查阅了相关拓展资料，为我们阅读《乡土中国》提供一套强有力的概念工具，详见下表。

政治学核心概念

核心概念	对核心概念的界定、辨析、描述	相关专著、文章
人权	人权是人们因为是人而得到的权利。这些权利是自然权利的现代和世俗的形式，通常被认为是由上帝赋予的。因此，人权是普遍的、根本的与绝对的。人权与公民权利是可以区别开来的，理由是：前者是一种号称具有普遍权限的道德原则；而后者取决于特定社会给予公民的自由和地位。	詹姆斯·格里芬《论人权》 郭道晖《人权论要》
自由	从最宽泛的意义上讲，自由是一个人根据自己的意愿进行思考或行动的能力。以赛亚·伯林对自由做了消极自由和积极自由的划分。消极自由即没有外部的强制力施加于人，这样，个人就可以按照他或她自己的意愿随意行动；积极自由是与某些可辨认的目标或利益的实现相联系的，这些目标或利益通常指的是个人发展或自我实现。	哈耶克《自由宪章》 以赛亚·伯林《两种自由概念》
民主	民主从字面上看就是由人民来统治，林肯的葛底斯堡演讲凸显了民主的三个核心特征的重要性。第一，对人民的强调，意味着政治平等，即对政治权力和影响力的平均分配。第二，政府由着人民，强调了大众参与的重要性。第三，政府为了人民，突出了民主是按公共利益来统治的意思。	蔡定剑《民主是一种现代生活》 达尔《论民主》

（续表）

核心概念	对核心概念的界定、辨析、描述	相关专著、文章
平等	平等是均匀分配的原则，但它并不意味着一致或一样。根本平等即人类是生而平等的，因此每个人的生命都应具有同等的伦理价值。形式平等是指个人在社会中应享有的形式上的身份平等。机会平等的意思是每个社会成员都应有相同的起点或相同的生活机会。结果平等指的是收益的平均分配，它通常表现为社会平等，即收入、财富和其他物品的平均分配。	韩水法《平等的概念》 米尔顿·弗里德曼《平等是如何可能的》
正义	正义是主张从道义上合理地分配奖励与处罚的观念。简而言之，正义就是给予他或她应得的东西。在这个意义上，正义可以应用于所有社会物品的分配。程序正义或形式正义，涉及达成分配结果的方式，因而也涉及支配人们行为与相互作用的规则。实质正义或具体正义，则关注结果本身的性质，即关注终点的本质。这种正义主要体现于惩罚应该合适于罪行的观点中，换句话说，刑罚本身应当是恰当的与合理的。法律正义涉及作为不正当的行为之结果的惩罚与奖励的分摊。社会正义涉及物质和社会收益在道义上的合理分配。	凯尔森《何谓正义》 陈瑞华《看得见的正义》
责任	责任可以用三种相互参照的方式来理解。第一，从为（for）某物或某人负责的意义上讲，责任意味着有控制或权威。因此，个人责任意味着为自己或自己的经济和社会状况负责，而社会责任意味着为他人负责。第二，从对（to）某人负责的意义上讲，责任表示的是回应或搭理。这表明个人或机构之上存在着一个更高的权威，个人或机构是它的下属并受它的控制。第三，责任就是以明智、合理或在道德上正确的方式来行为，而不如此往往会面临压力。	谢文郁《自由与责任四论》 吴威威《公民责任探析》
宽容	宽容有忍耐与克制的意思，是接受我们不同意或不赞成的观点或行为的意愿。宽容建立在两个独立的道德判断的基础之上：一是不同意某类行为或某套观念；二是刻意拒绝把自己的观点强加于别人。此外，宽容并不意味着不干预。尽管宽容不允许干涉他人或限制他人，但它却允许通过道德榜样和理性说服去影响他人。消极宽容是对多样性的被动接受或是“我活也让别人活”的意愿。积极宽容倡导百花齐放，是对多样性与多元主义的赞美。	胡适《自由与容忍》 唐小兵《自由比容忍更重要》

（续表）

核心概念	对核心概念的界定、辨析、描述	相关专著、文章
义务	义务是按照特定方式行为的要求或本分。法律义务是通过法庭强制实施的，并以惩罚系统作为后盾。道德义务的履行不是因为这样做是明智的，而是因为这种行为被认为是正确的或在道义上是正确的。道德义务最重要的形式是政治义务，即公民承认国家的权威并遵守其法律的义务。公民的权利和义务是同一枚硬币的正反两面。	乔治·克洛斯科《公平原则与政治义务》
		普芬道夫《人和公民的自然法义务》
权利	权利是采取行动或被以某种特殊的方式来加以对待的资格。法律权利是由法律或正式的规则体系来规定的，因而是可以强制实施的。道德权利却不同，它只是以道德声明或哲学主张的形式存在。人权及其前身自然权利，本质上都是道德权利。消极权利是那些划出一个不受限制的行为领域进而对他人（尤其是政府）的行为施加限制的权利，如言论自由的权利。积极权利是那些要求他人（特别是政府）提供资源和支持从而扩大他人责任的权利，如接受教育的权利。	程燎原、王人博《权利论》
		卡尔·威尔曼《真正的权利》

二、如何梳理《乡土中国》的逻辑框架

《普通高中教科书语文必修上册》第五单元的单元学习任务2指出：“学术著作具有较强的逻辑性，各个篇章共同呈现出一个相对完整的学术知识体系，比如《乡土中国》中的14篇文章相互关联，综合分析阐述了中国乡村社会的结构和特点。在阅读文章的基础上，归纳各篇主旨，撰写相应的内容摘要。注意摘录和使用文中关键的概念，简洁、准确地概括作者的学术观点。之后，以小组为单位讨论各篇之间的内在联系，尝试把握这本书的知识体系。”依照这一任务，我们依次可做下列工作。

（一）归纳各篇主旨

归纳各篇主旨先阅读《乡土中国》的《重刊序言》和《后记》。费孝通在《重刊序言》中说，他在这本书中要尝试回答他自己提出的问题，即作为中国基层社会的乡土社会究竟是个什么样的社会。这是全书的核心问题，全书14篇文章都是围绕这一核心问题来阐述的。《重刊序言》中还说，《乡土中国》“不是一个具体社会的描写，而是从具体社会里

提炼出的一些概念。这里讲的乡土中国，并不是具体的中国社会的素描，而是包含在具体的中国基层传统社会里的一种特具的体系，支配着社会生活的各个方面”。

费孝通在《乡土中国》的《后记》中说：“这集子里所收的十四篇论文是从我过去一年所讲‘乡村社会学’的课程中所整理出来的一部分。我这门课程已讲过好几遍，最初我采用美国的教本做参考，觉得不很惬意，又曾用我自己调查的材料讲，而那时我正注意中国乡村经济一方面的问题，学生们虽觉得有兴趣，但是在乡村社会学中讲经济问题未免太偏，而且同时学校有土地经济学和比较经济制度等课程，未免重复太多。过去一年我决定另起炉灶，甚至暂时撇开经济问题，专从社会结构本身来发挥。”这些内容可以为我们梳理《乡土中国》的逻辑框架提供重要参考。

归纳各篇主旨的方法很多。

一是关注每一篇的开头与结尾。因为这 14 篇文章是费孝通在西南联大和云南大学所讲“乡村社会学”的讲稿，他每讲一课要将该堂课的内容做一小结，下次上课的时候又要对上堂课内容加以回顾，因此抓住每篇文章的开头和结尾，通过圈画重点词语和句子，加以提炼，这是归纳主旨的重要方法。

二是注意每篇文章中的相对概念。费孝通在每篇文章中总是将指称乡土社会的概念与指称其他社会的概念对应，如将中国现代社会的概念和西方社会的概念相对比，以思考中国乡土社会如何重建、如何使中国走向现代化道路的问题。如下表所示：

篇目	指称乡土社会的概念	指称其他社会的概念
乡土本色	礼俗社会	法理社会
文字下乡	面对面社群（文盲社会）	借助文字的社会
再论文字下乡	口口相传的没有“文字”的社会	借助文字的社会
差序格局	差序格局	团体格局
维系着私人的道德	维系着私人的道德	团体中的公有、无私、超己等
家族	小家族	家庭
男女有别	阿波罗式的（同性原则）	浮士德式的（异性恋爱）
礼治秩序	礼治	法治
无讼	无讼（长老调解）	司法诉讼体系
无为政治	无为政治	有为政治

（续表）

篇目	指称乡土社会的概念	指称其他社会的概念
长老统治	横暴权力、同意权力、长老权力	民主政治
血缘和地缘	血缘社会	地缘社会
名实的分离	名实分离（长老权力注释的结果）	名实一体
从欲望到需要	欲望	需要（计划）

在梳理相对概念的基础上，我们可以撰写每篇文章的内容摘要（注意摘录和使用文中关键的概念，简洁、准确地概括作者的学术观点，尽可能撇除文中比喻及举例的部分，重点关注每篇文章的开头和结尾部分，用波浪线或荧光笔画出篇与篇之间的过渡句段）。

这里将全书各章内容要点摘录如下：

篇目	内容摘要	学术观点
乡土本色	从基层上看去，中国社会是乡土性的；以农为生的人，世代定居是常态，迁移是变态；不流动是人和空间的关系上说的，从人和人在空间的排列关系上说就是孤立和隔膜；乡土社会的生活是富于地方性的，地方性是指他们活动范围有地域上的限制，在区域间接触少，生活隔离，各自保持着孤立的社会圈子；乡土社会在地方性的限制下成了生于斯、死于斯的社会；这是一个“熟悉”的社会，没有陌生人的社会；乡土社会是礼俗社会，现代社会是法理社会。	中国基层社会是乡土社会。
文字下乡	乡土社会是熟人社会，是面对面社群，可以直接说话，文字是间接的说话；在乡土社会中，不但文字是多余的，连语言都并不是传情达意的唯一象征体系。	文字下乡受到空间阻隔。
再论文字下乡	所谓时间上的阻隔有两方面，一方面是个人的今昔之隔，一方面是社会的世代之隔；词是最主要的桥梁，但是词却不一定要文；文是用眼睛可以看得到的符号，就是字；词不一定是刻出来或写出来的符号，也可以是用声音说出来的符号——语言；祖先们在这地方混熟了，他们的经验也必然就是子孙们所会得到的经验；在这种社会里，语言是足够传递世代间的经验了，口口相传，不会有遗漏，全部文化可以在亲子间传授无缺；最早的文字是庙堂性的。	文字下乡也受到时间阻隔。

（续表）

篇目	内容摘要	学术观点
差序格局	西洋社会是团体格局，中国乡土社会是差序格局；中国乡土社会是“私己”的，自我主义，一切价值是以“己”作为中心的主义，与西洋“群己”，分清权利和义务的社会不同；在差序格局中，中国乡土社会关系是逐渐从一个一个人推出去的，是私人联系的增加，社会范围是一根根私人联系所构成的网络，指的是由亲属关系和地缘关系所决定的有差等的次序关系。	中国乡土社会本质上是由差序格局所构成的社会。
维系着私人的道德	团体格局讲究无私、权利、平等、超己、公务、履行义务、兼善等，而在差序格局中，并没有一个超乎私人关系的道德观念，它是由无数私人关系搭成的网络；这网络的每一个结，附着一种道德因素，所有的价值标准不能超脱于差序的人伦而存在。	中国乡土社会由差序格局所决定，维系着私人的道德。
家族	中国乡土社会的基本社群是“小家族”，不同于人类学的“家庭”概念，家庭是由亲子所构成的生育社群，其抚育孩子的目的就在于结束抚育，而中国的家是一个事业组织，结构原则是一贯的、单系的差序格局。	中国乡土社会基本社群“家”，其实是“小家族”，是一贯的、单系的差序格局。
男女有别	文化规定个人感情可以发展的方向，简称作“感情定向”，这里所谓感情相当于普通所谓激动，动了情，甚至说动了火，如果说要维持着固定的社会关系，就得避免感情的激动，感情淡漠是稳定的社会关系的一种表示；稳定社会关系的力量，不是感情，而是了解；所谓了解，是指接受着同一的意义体系；乡土社会是阿波罗式的，而现代社会是浮士德式的；乡土社会男女间的关系必须有一种安排，使他们之间不发生激动性的感情，那就是男女有别的原则；男女有别的界限，使中国传统的感情定向偏于同性方面去发展。	中国乡土社会是个男女有别的社会，也是个安稳的社会。
礼治秩序	中国乡土社会是个礼治社会；礼并不是靠一个外在的权力来推行的，而是从教化中养成了个人的敬畏之感，使人服膺，人服礼是主动的；礼是传统，是整个社会历史在维持这种秩序；礼治社会并不能在变迁很快的时代中出现，那要依靠法治，礼治是中国乡土社会的特色。	中国乡土社会是礼治社会。

（续表）

篇目	内容摘要	学术观点
无讼	维持礼治社会的理想手段是教化，而不是折狱；长期的教育已把外在的规则化成了内在的习惯；维持礼俗的力量不在身外的权力，而是在身内的良心；所以这种秩序注意修身，注重克己；理想的礼治是每个人都自动地守规矩，不必有外在的监督；在乡村里所谓调解，其实是一种教育过程，负有调解责任的是一乡的长老。	中国乡土社会靠礼治，因此无讼。现代司法体系在中国乡土社会不适合。
无为政治	中国乡土社会存在着偏重于冲突的横暴权力，同时也存在着偏重于合作的同意权力；横暴权力受经济拘束，于是在天高皇帝远的距离下，把乡土社会中人民切身的公事让给了同意权力去活动了；乡土社会里的权力机构，虽则名义上可以说是“专制”“独裁”，但是除了自己不想持续的末代皇帝之外，在人民实际生活上看，是松弛和微弱的，是挂名的，是无为的。	中国乡土社会的政治是无为政治。
长老统治	中国乡土社会的权力结构中，还有一种权力，既不是横暴性质，也不是同意性质；既不是发生于社会冲突，又不是发生于社会合作；它是发生于社会继替的过程，是爸爸式的教化性的权力，称作长老统治；教化性的权力虽则在亲子关系里表现得最明显，但并不限于亲子关系；凡是文化性的，不是政治性的强制，都包含这种权力。	中国乡土社会的权力结构中，除不民主的横暴权力和民主的同意权力之外，还有一种代表教化权力的长老统治。
血缘和地缘	血缘指由生育所发生的亲子关系；血缘社会是稳定的，缺乏变动；血缘是稳定的力量；在稳定的社会中，地缘不过是血缘的投影；籍贯只是“血缘的空间投影”；地缘就是没有血缘关系却彼此联系的人结成的地方社群；血缘是身份社会的基础，而地缘却是契约社会的基础；从血缘结合转变到地缘结合是社会性质的转变，也是社会史上的一个大转变。	血缘社会是稳定的，缺乏变动。在稳定的社会中，地缘不过是血缘的投影。

（续表）

篇目	内容摘要	学术观点
名实的分离	静止是乡土社会的特点，但是事实上完全静止的社会是不存在的，乡土社会不过比现代社会变得慢而已；社会权力结构中除了从社会冲突中所发生的横暴权力、从社会合作中所发生的同意权力、从社会继替中所发生的长老权力之外，还有从激烈的社会变迁过程中所发生的时势权力；这种权力和横暴权力并不相同，因为它并不是建立在剥削关系之上的；和同意权力又不同，因为它并不是由社会所授权的；和长老权力更不同，因为它并不是根据传统的；它是时势所造成的；长老权力下的乡土社会，反对被时间冲淡，成了“注释”，注释的变动方式可以引起名实之间发生极大的分离；面子就是表面的无违；名实之间的距离跟着社会变迁速率而增加；社会如果加速地变动时，注释式歪曲原意的办法也就免不了，位与权、名与实、言与行、话与事、理论与现实，全趋向分离了。	随着乡土社会的变迁，时势权力的增加，注释使名与实出现分离。
从欲望到需要	在乡土社会人可以靠欲望去行事，而在现代社会则发生“需要”，因之有“计划”；从欲望到需要是社会变迁中一个很重要的里程碑；人类在取舍之间有所根据，这根据就是欲望，就是“要”；亚当·斯密说，“冥冥中那只看不见的手”会安排个社会秩序给每个为自己打算的人去好好生活的，这种理论所根据的其实并非现代社会而是乡土社会，在乡土社会中个人的欲望常是合于人类生存条件的；两者所以合，那是因为欲望并非生物事实，而是文化事实；功能是从客观地位去看一项行为对于个人生存和社会完整上所发生的作用；功能并不一定是行为者所自觉的，而是分析的结果，这里我们把生存的条件变成了自觉，自觉的生存条件是“需要”，用以区别于“欲望”；这是理性的时代，理性是指人依据已知道的手段和目的的关系去计划他的行为，所以也可以说是科学化的。	中国乡土社会是靠欲望去行事的社会，从欲望到需要是社会变迁中一个很重要的里程碑。

（二）绘制思维导图

《乡土中国》第1篇《乡土本色》相当于全书的总论部分，全书是由总到分的逻辑关系。第2—12篇，是从中国乡土社会属于静态社会这一观点（这也仅是相对而言）来分析的；第13、14两篇则从社会变迁的角度来分析。全书逻辑结构是从“静”与“变”两个维度展开的。

第2—12篇，分析了静态中国乡土社会特征。作者主要根据社会结构分析，回答他自己提出的问题——作为中国基层社会的乡土社会究竟是个怎样的社会。他提出了“差序格局”这一核心概念，因为中国乡土社会这一特有的格局，决定着“维系着私人的道德”“小家族”“男女有别”“礼治秩序”“无讼调解体系”“无为政治”“长老统治”和“血缘社会”，也从空间和时间上决定着文字下乡的困难重重，因此第 4 篇“差序格局”和第 2—12 篇的其他篇目构成了环环相因的因果关系。依据以上分析，可以绘制以下思维导图：

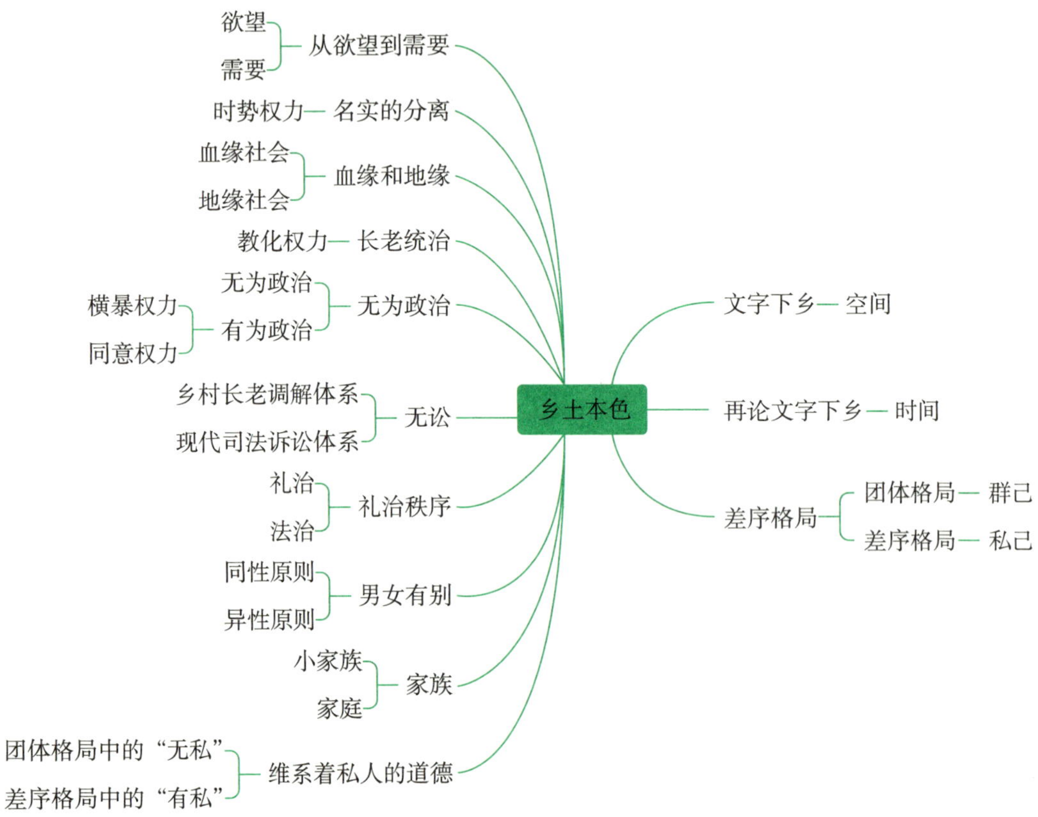

这样，我们就大致梳理出了《乡土中国》一书的逻辑框架。

当然，划分方法不只此一种。比如有人认为，《乡土本色》为总论，《文字下乡》《再论文字下乡》主要论述乡土社会中文字的使用；《差序格局》《维系着私人的道德》主要论述乡土社会的社会结构；《家族》《男女有别》主要论述中国传统感情；《礼治秩序》《无讼》《无为政治》《长老统治》主要论述宗法制度；《血缘和地缘》《名实的分离》《从欲望到需要》主要论述社会变迁如何产生。这也是一种划分方法，但要讲清楚各章节间内在的逻辑联系。

三、如何以思维导图理解《乡土中国》

学术著作怎么读?

语文“新课标”给出了一些关键的路径，比如“梳理全书大纲小目及其关联，做出全书内容提要”。那么这些大纲小目从何而来，又该如何梳理呢？让我们先浏览一下《乡土中国》的目录——序跋之外，映入眼帘的是一连串的名词或者短语，有些似乎是可以理解的，比如“家族”“男女有别”；有些似懂非懂，比如“无讼”“血缘与地缘”；还有一些则在日常的词汇体系之外，比如“差序格局”。对标题的一知半解直接影响到读者对章节内容的揣测推断，也进而影响到对章节间关系的把握。可以说，在刚刚接触《乡土中国》时，仅靠目录，我们无法梳理全文的纲目，也难以发现其中的关联。

那么，就必须通过章节的阅读，才能在理解概念的前提下把握作者的学术观点和逻辑路径。下面展示的是一位同学阅读《礼治秩序》一章时所做的读书笔记。她按照作者阐述的先后将每一个段落的要点线性地记录了下来：

1. 通常以人治对法治。
2. 法治也有人的因素。
3. 人治难以存在。
4. 区别在维持秩序时所用的力量和所根据的规范的性质。
5. 理想中的无政府；不需规律的秩序。
6. 乡土社会是礼治社会。
7. 礼不等于文明。
8. 礼是社会公认合式的行为规范；维持礼的是传统。
9. 传统是社会所累积的经验；经验帮助生活。
10. 文化是传统；乡土社会传统效力大。
11. 乡土社会变动小，经验可靠。
12 经验有效，不问理由。
13. 经验灵验，敬畏传统。

14. 规定的方法成为仪式，礼是按照仪式做。

15. 人主动服礼。

16. 礼不同于法律道德，礼是合式的路子，是经教化过程而成为主动性的服膺于传统的习惯。

17. 礼的养成不是自动的，要“克”“约”。

18. 礼治的前提是传统可以有效应付生活问题，乡土社会满足这前提；环境改变会变成法治。

19. 礼治不是个人好恶的统治，礼是传统，礼治社会是乡土社会的特色。

这是一份典型的中上水准学生的阅读反馈，里面对于要点的摘录基本是正确的，内容也比较具体。那么这份笔记就是我们所期待的章节阅读成果吗？恐怕并不是。从概念的层面上看，笔记中随文出现了大量的概念，比如“人治”“法治”“礼治”“传统”“文化”“经验”，这些概念的含义是什么？哪些概念更为重要？这些概念之间是什么关系？就观点的层面上说，整个章节作者的学术观点是什么？他又是如何阐释的？1—19所罗列的内容与观点有何关系？而且，这份读书笔记按照原文的自然段排列，全部用中文字组成，可能根据纸张的大小分布在一页或者两页练习本上，那么在日后回溯该章内容时，所记的内容能不能帮助读者快速地重构与书本之间的关联呢？我们甚至还可以思考，每一章都是以这样一种形式记录的话，最后从整本书角度纵览时，这位同学能不能迅速发现章节之间的关系并形成一个内容提要呢？

其实目录也好，线性笔记也罢，还暴露了阅读时存在的一个关键问题：我们的摘抄或者笔记并不是自己的理解。所记录的确实是在翻阅中获取的一些信息，但读者未必对这些信息进行了有效的处理并产生了自己的认识。由于对多数学生而言，《乡土中国》是一部陌生领域的学术著作，在对学科知识掌握不全、对学科系统一无所知的情况下，依靠“复述”就更无法将自己的理解与作者的解说打通。

尝试解决这一问题，我们需要引入一些工具来帮助阅读，推动思考，促成理解。这里，我引入思维导图这一辅助工具。思维导图使用一个中央关键词或想法引起形象化的构造和分类的想法，以辐射线连接代表字词、想法、任务或关联项目，形成一个文本图解方式。下面是一位同学在阅读《乡土中国》之前，看到“乡土中国”这个词的时候画出的思维导图。

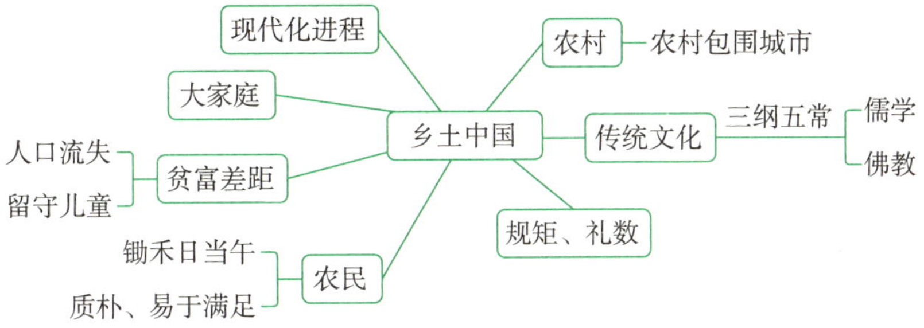

我们可以从图中发现思维导图的一些特点。其一是重点突出。思维导图把核心概念放置在正中，它连接的其他概念也可以根据需要借助序号、图像、所运用色彩等强调突出，而不会像线性笔记中的文字一样单调。其二是有层级意识。如果运用思维导图软件（以 Xmind 为例），插入新的主题时必须选择这是一个“主题”还是“子主题”或者是“副主题”，这就促使绘图者思考这个概念和前一个概念之间的关系。如果是手绘，也需要在决定线条的连接、线条的粗细、概念框的大小时思考层级关系。而层级关系其实包含了这本书（或一个章节）的逻辑顺序。其三，思维导图的初衷是激发发散性思维，拥有联想丰富的特点。虽然在阅读学术类著作时，我们更注重思维的结构化和逻辑关系，但思维导图无限延伸的“抓手”依然可以激发绘图者的个性理解，而不会像抄写一样停留在复制作者观点的层面。

这幅导图的作者当时尚未接触《乡土中国》，她对“乡土中国”的理解当然和费孝通不同。但教师不妨让学生在打开书前就这一核心概念展开联想：一方面，可以了解思维导图并开始使用这一工具；另一方面，也帮助他们确认自己对接下去要了解的核心概念的认知水平，这是阅读的起点。

那么当我们打开《乡土中国》时，如何运用思维导图来帮助理解呢？

东尼·博赞是思维导图的创始人，他曾经对思维导图在阅读中的运用给出了建议，在他所列的八项建议中，至少以下四项可以运用到对《乡土中国》的阅读中。

1. 快速浏览、翻阅全书，对其内容的组织得出一个初步印象。

2. 给这个领域已经知道的内容画一幅思维导图，以建立联想性的思维“抓钩”。

3. 看看目录、主要的标题、结果、结论、小结和其他一些映入你眼帘的重要内容，这个过程会给你一些主要分支或者基本分类概念。

4. 特别关注每章的开头和结尾，因为这些地方往往集中了最为重要的信息，加入到思维导图中。

接下来，我们将呈现两个使用思维导图来理解具体章节的范例。第一个范例是阅读《礼治秩序》这一章，它的特点是通过章节标题，我们就可以确认思维导图的中心概念，类似的章节还有《差序格局》《家族》《长老统治》等等。但《乡土中国》中也有不少章节的标题并非是本章的中心概念，它可能是某个现象、某个议题，甚至是某种结果，针对这样的章节，我们选取《文字下乡》这个章节的阅读为例。

【案例 1】

在《礼治秩序》这章中，"礼治"是一个核心词，我们把它放在思维导图的中间位置，并在它的四周延展出一些线条，通过填充这些线条所指，理解作者是如何阐释这个概念的。

本章一开始在辨析"人治""法治"这两个概念，而这个"治"字也出现在"礼治"中。"治"是维持秩序，人们发现维持不同的社会秩序所借助的力量或者所根据的规范是不同的，由此产生了"法治""人治"的说法，而作者则指出人在每一种秩序中都会起到作用，"人治"的说法不尽准确。这个部分似乎还没有进入乡土社会的特征阐释，但是已经明确了这一章节讨论的范畴，也就是社会秩序的维持依据，也引出了与"礼治"对应的"法治"概念。

接下去作者围绕"礼"字开始阐释。"礼"是什么？我们可以发现，在阐释这个概念时，作者还用到了"文明""行为规范""传统""经验""文化"等概念。那么，它们和"礼"之间是什么关系呢？是对"礼"的误读，还是对"礼"的解释？是"礼"的具体内容，还是"礼"的维持方式？梳理这些概念的同时，我们对"礼"也会产生更加清晰和立体的理解。

除了这些名词性的概念以外，读者还可以找到乡土社会中人们对"礼"的态度。比如"敬畏""服从""克""约"等等，这是人和礼之间的关联，也彰显了"礼"是如何维持"治"的。

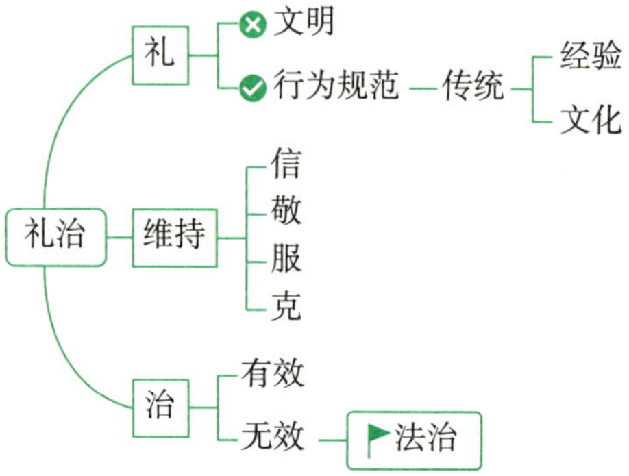

思考了这些问题后，同学依据文本画出了“礼治秩序”这一章的思维导图。

比较这张思维导图和先前呈现的笔记，我们可以发现，导图所占的空间和包含的信息量看起来是变少了，但是核心概念是什么、相关概念有哪些、概念和概念之间的联系是什么却更加清晰了。“礼”是行为规范，“礼”由传统来维持，人主动服“礼”，一旦“礼”无法解决问题，“礼治”会转向“法治”等内容都能够呈现出来。

我们是如何将阅读的内容外化为思维导图的呢？首先是找出文章中涉及的概念，然后思考这些概念的关系，其中需要特别关注概念与核心概念之间的关系，以及彼此间的层次是如何搭建的。当这些内容在梳理后被纳入思维导图时，需要把它们之间的联系和层级用不同的线条、颜色、记号、图标等加以呈现。

【案例 2】

在《文字下乡》这个章节中，有些同学或许不能够一下子就找出核心概念。我们不妨将阅读中发现的概念逐一罗列，找到出现频率最高、前后关联最多的一个概念。我们也可以找到作者的观点，在观点中发现他对核心概念的态度。经过这样的一个过程，我们能够发现这个章节聚焦在“语言”上。

找到核心概念以后，我们可以按照上一个案例的步骤来进行，找出不同概念之间的关系，发现概念之间的层级，或区别，或联系，形成思维导图。

但根据这一章节的行文特点，我们还可以借助思维导图强调观点和证据之间的关系。章节中出现了城里人眼中乡下人之“愚行”，《项脊轩志》中的以足音辨人，部落的铜钱，以及结绳记事、眉目传情等大量的现象，它们和核心概念“语言”或者观点“乡土社会不需要文字”之间是什么关系？这些例子是作者在行文时产生的诸多联想，而读者可以这样思考：倘若作者行文时脑中有一幅巨大的思维导图，这些内容会出现在思维导图的什么位置呢？我们似乎在完成拼图游戏，而这种还原能够帮助我们更好地理解作者是如何在对现实生活的思考中发现或者推导出结论的。

还需要指出的是，在制作思维导图时，我们的提炼和重组已经包含了自己对作品的理解，是作品内容的一种转化，但这种转化还是立足于理解作者观点、接受作者观点的基础上的。而事实上，在逐步理解《乡土中国》的过程中，我们也会对作者的观点提出一些质疑，也会试图表达出对某个社会现象的另一种阐释。这些内容当然也可以放到思维导图中。

下面是一位同学展示的《文字下乡》这一章的思维导图。

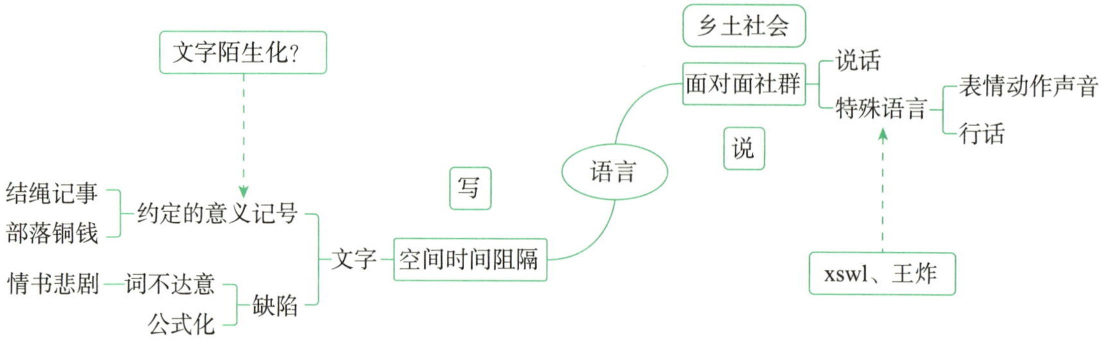

我们可以看到这张图中包含着学生自己的思考。费孝通在使用“语言”的时候有时候是指口语，有时候是指音义结合的词汇系统和语法系统，因此学生在图中补充了“写”和“说”来加以区分。阅读到“文字是一种约定的意义记号”时，他联想到了文学创作中语言陌生化的现象，认为这个观念在作者对文字的理解层面之外（其实可以放到“公式化”的后面）；另外，对于特殊语言，学生联想到了现在的网络文字，这是不是一种“少数人的特殊语言”，进而追问：那么网络到底算是一个怎样的社群呢？这些思考未必都很成熟，但是成了阅读对象和读者生活之间的桥梁，让阅读所得在和现实生活的比对中真正融入读者的思想体系中。思维导图将这些内容记录下来对读者的后续思考是非常有价值的。

以上我们展示了两个案例来证明思维导图在帮助学生理解章节内容时能够起到的作用和显现出的成果。现在让我们回到整本书，比较一下下面三种概述全书内容的方式。

其一，文字表述。

“乡土本色”是总论，“文字下乡”和“再论文字下乡”是说乡土社会文字的使用，“差序格局”“维系着私人的道德”是讨论社会结构，“家族”“男女有别”是探究传统感情，“礼治秩序”“无讼”“无为政治”和“长老统治”是宗法制度，“血缘和地缘”“名实的分离”和“从欲望到需要”谈的是社会变迁。

其二，表格呈现（引自上海市教委编写的练习册）。

乡土社会	
内涵特征	借助语言的社会
	血缘社会

（续表）

乡土社会		
外在结构	差序格局	维系着私人的道德
		男女有别
		小家族
内在规则	礼俗社会	礼治秩序、道德秩序
		调解体系
		无为政治
		横暴权力、长老权力、时势权力
		名实分离

其三，思维导图。

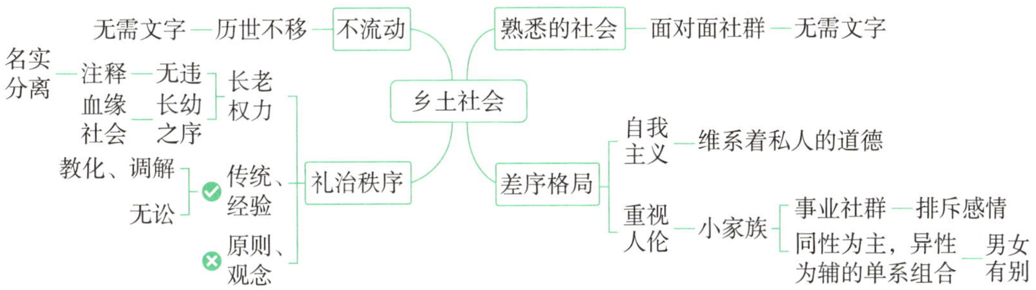

前两种形式在全书内容的表述上是清晰的，而要呈现出这一结果，也需要比较高明的概括能力，掌握一些社会学研究的专业术语，比如社会结构、宗法制度等，才能对篇章的主要内容进行有效的划分。但思维导图呈现出的内容却有所区别，在梳理概念的过程中，绘制者发现这些概念并不都是并列的关系，有些是有归属的，有些是由更大的概念推导出来的，根据它们之间的逻辑进行分层，就能很清楚地看到乡土社会最基本的特征和最重要的结构特点“差序格局”及内在规则“礼治秩序”，然后分别引导出由它们决定的其他特征或者表现。思维导图可以呈现和列举更多的具体条目，概念间的连接也更加自由和丰富。这种全景呈现、主题突出、层级有序，能够帮助我们从不同角度理解概念的图示法，在体现一个知识体系的系统性方面是有优势的。

从混乱的意识之中创造秩序，用层次和分类来组织导图中的大概念、小概念是制作思维导图的难点。因为这不是简单根据我们所阅读的内容排列先后定位，而是根据内在的重要性来决定的，因此在审视概念的时候，了解它的起源、发展、结构、作用及与其他事物的联系是非常重要的。学生在制作思维导图的一开始可能更接近的是书本内容展示的样式和顺序，也可能是杂乱无章的，但是在修改的过程中会让自己的思维越来越清晰，对书本的理解越来越深入。

而我们也完全不必担心每个人画出的导图不一致，其实这恰恰显示了阅读不是机械模仿，而是再创造，重构作者对乡土中国的认识是重要的，而形成自己对乡土中国的认识则更为重要。

四、如何开展《乡土中国》的任务学习

高中语文“新课标”在“教学建议”中指出，“应关注学生学习方式的转变，做好学生语文学习活动的设计、引导和组织，注重学习的效果。根据学生的发展需求，围绕学习任务群创设能够引导学生广泛、深度参与的学习情境”。

如何开展《乡土中国》任务学习呢？

本节我们从宏观层面设计了《乡土中国》整本书阅读的如下学习任务。

1. 研读“概述”部分（“重刊序言”“后记”），多方位了解这本社会学经典之作的基本情况，明确阅读预期。

2. 研究“语言文字”板块（第 1、2、3 章），理清作者论证的逻辑思路，体会作者陈述学术见解的思维过程和表述方式。

3. 研究“人际关系、道德”板块（第 4、5 章），对核心概念进行比较，认清乡土社会的结构格局。

4. 研究“经济”板块（第 6、7、12 章），分析“小家族”的功能，了解乡土社会在经济方面的特征。

5. 研究“政治、法律”板块（第 8—11 章），联系当今社会现象，探讨乡土社会为什么是一个“无法”的社会。

6. 研究“社会发展”板块（第 12—14 章），从经济形态、思想观念和人类行为动机的角度，探求从乡土社会到现代社会的转变。

从课时安排角度，上述内容大致可以分为 6 课时组织学习。

第 1 课时：学习“重刊序言”“后记”等内容。

第 2 课时：学习第 1—3 章“乡土本色”“文字下乡”“再论文字下乡”。

第 3 课时：学习第 4—8 章“差序格局”“维系着私人的道德”“家族”“男女有别”“礼治秩序”。

第 4 课时：学习第 9—11 章“无讼”“无为政治”“长老统治”。

第 5 课时：学习第 12—14 章“血缘和地缘”“名实的分离”“从欲望到需要”。

第 6 课时：反馈评价、总结交流。

需要明确的是，上述学习任务只是一种总体上的学习建议。本书第三章还针对《乡土中国》全书各章节内容设计了更加具体的学习任务。此外，统编教材中也编排了相关学习任务，我们在阅读过程中应该依据实际情况，整合上述学习任务，有效开展学习活动。

（一）总体框架

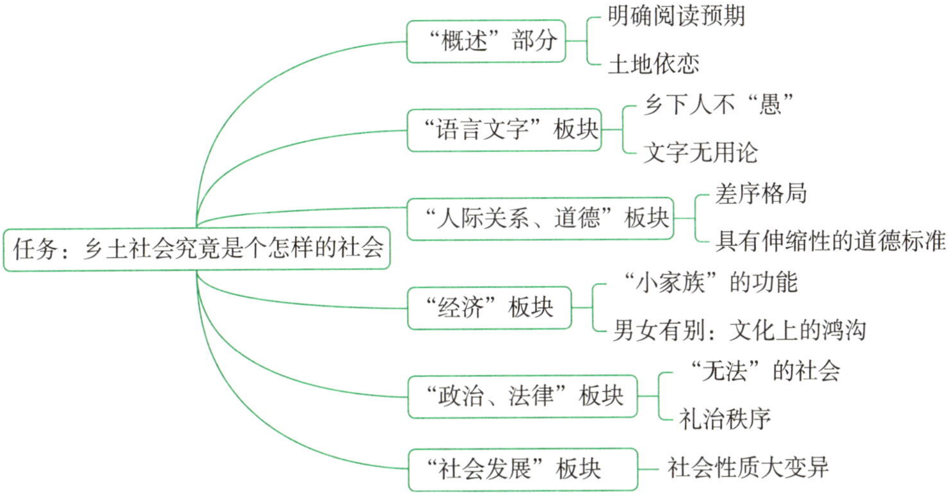

（二）学习说明

1. 研读“概述”部分，明确阅读预期

活动 1：阅读“重刊序言”“后记”“附录”后，为下图“添枝加叶”，助其“枝繁叶茂”。

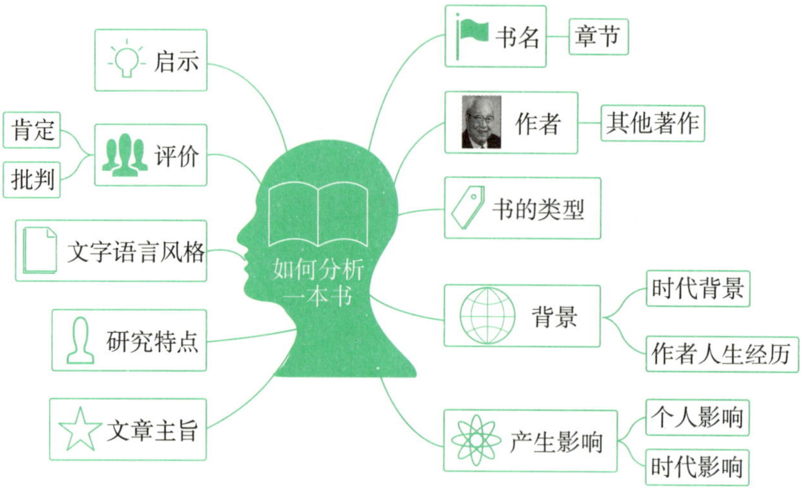

活动 2：自古至今，有很多关于土地的故事或现象。请举例或结合下面的例子，体会人们对土地的态度。

例子	分析
（1）女娲造人、上帝造人、普罗米修斯造人……“泥土造人”的神话很多。	
（2）在古代，不光朝廷每年有祭祀土地的活动，民间祭拜土地神的现象更为普遍。	
（3）中国人自古有“安土重迁”的观念。	
（4）如今，越来越多的农村青壮年涌入城市打工。农村空心化现象越来越严重。田园将芜，胡不归？田园将芜，谁来耕？	

【学习建议】

活动 1 为避免阅读的浮光掠影，设计为思维导图“添枝加叶”这一环节，使学生自主且快速地解决写作背景、写作目的、研究范围、基本研究方法和学术价值等问题。

示例（见下页图）：

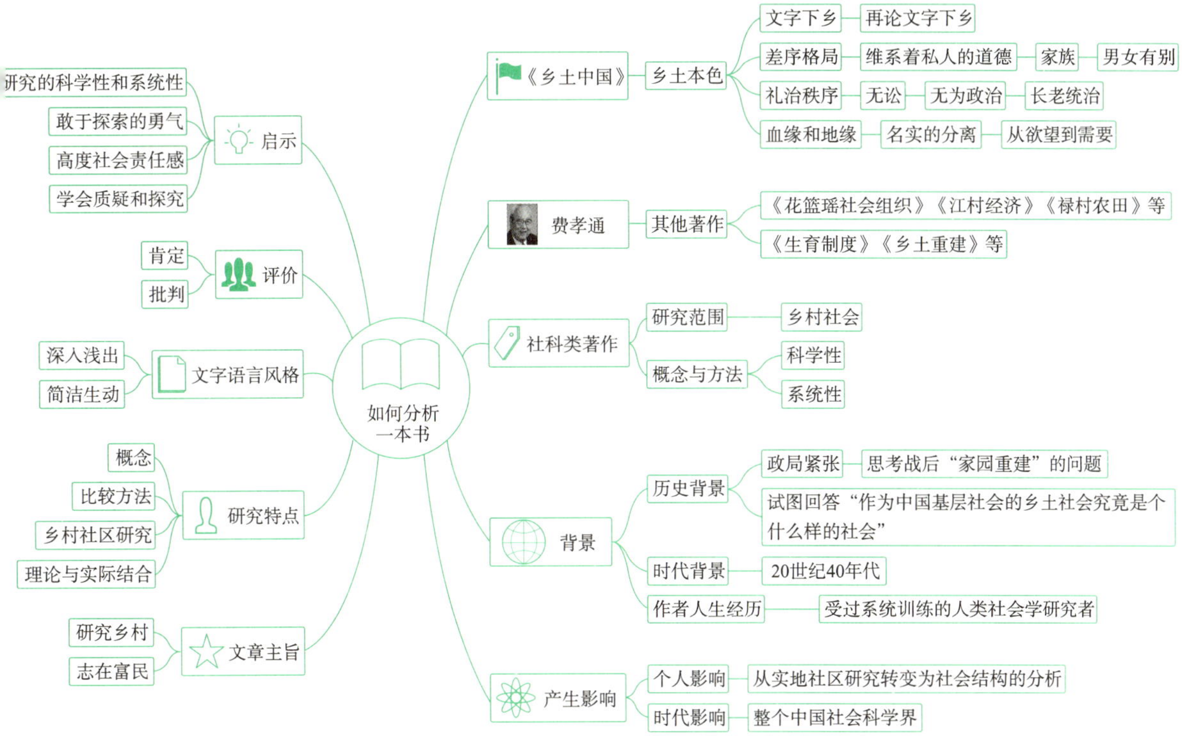

为活动 1 中思维导图“添枝加叶”，其实就是一个梳理、分类、归纳乃至推理文本信息的过程，既能将琐碎的信息条理化，又可积累一些整本书阅读的经验。

活动 2 是为了突出乡土社会的最大特征：土气和聚居。这几乎是本书所有内容的出发点。通过举例和分析，溯古追今，加深理解“中国社会是乡土性的”这一社会特征和其对中国人的文化心理产生的深远影响。

建议阅读时，联系所学或现实生活体验，或印证书中观点，或比较异同之处，助推阅读进一步深入。例如，乡土社会里的农民直接依赖土地谋生，通过在土地上年复一年、日复一日地辛勤劳作，收获赖以糊口的粮食。而为什么当代农民中很多人选择离开祖祖辈辈赖以为生的土地，寻找其他的谋生手段？与从前相比，当代农民对待土地的态度发生了什么变化？这对其生活和观念带来了哪些影响？边阅读，边思考，不仅有助于了解乡土社会的主要特征，还有助于增强关注、参与当代文化的意识。

2.“语言文字”板块

活动 1：学习如何反驳别人的观点。针对很多人认为乡下人“愚”的偏见，作者是如何反驳的？

（1）界定“愚”的判断标准。标准是________________而非________________。

（2）驳斥________方面不及人。论据：____。

（3）驳斥________方面不及人。论据：____。

（4）结论：____。

（5）论证方法：____。

活动 2：关注调查材料，理清文章脉络。分析材料和观点之间的关系和作者论证的逻辑思路，用思维导图呈现第 2、3 章论证的逻辑思路（下图待补充完整）。

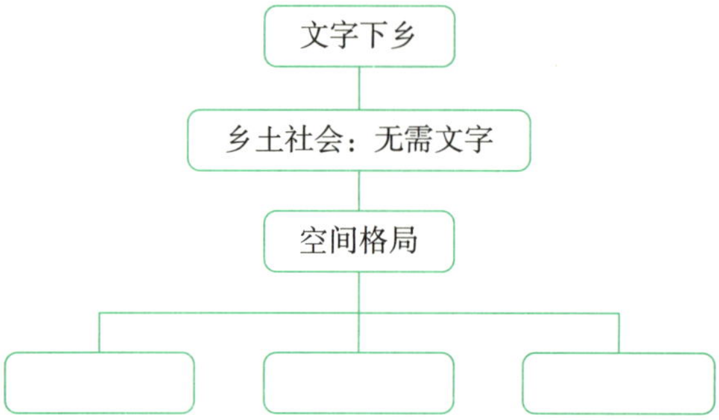

活动 3：依托经典，援疑质理。鲁迅小说《故乡》里，乡下孩子闰土对文字并没有迫切的来自生活上的需求。闰土捕鸟厉害却不识字，迅哥儿识字而不会捕鸟。迅哥儿识字并不能说明他就比闰土更聪明，只能说明生活环境的不同决定他们所需要的生活知识不同。

（1）分析、比较闰土和迅哥儿的“未来”，思考：乡土社会“真的”不需要文字吗？

（2）“如果中国社会乡土性的基层发生了变化，也只有在发生变化之后，文字才能下乡。”谈谈你对这句话的理解。

（3）在九年制义务教育已经成为基本国策的当今中国，乡土社会因“文字下乡”发生了哪些改变？

【学习建议】

活动 1 借学习作者如何反驳乡下人“愚”这一偏见，理解乡下人不学文字并非因为“愚”，而是人们认为文字是无用的，印证作者的结论：乡土社会不需要文字。阅读时，可以通过梳理文本，补填横线上缺失的信息，来分析作者是如何摆事实、讲道理，反驳“乡下人愚”这一偏见的，并体悟作者是如何驳中有立，水到渠成地得出结论——乡下人不愚，“识字不识字并非愚不愚的标准”；在熟人社会，语言足以传递“世代间的经验”，“文字是多余的”。

活动 2 通过用思维导图呈现作者论证的逻辑思路，引导学生“体验作者发现问题、探索解决问题的路径，以及陈述学术见解的思维过程和表述方式”。

示例（见下图）：

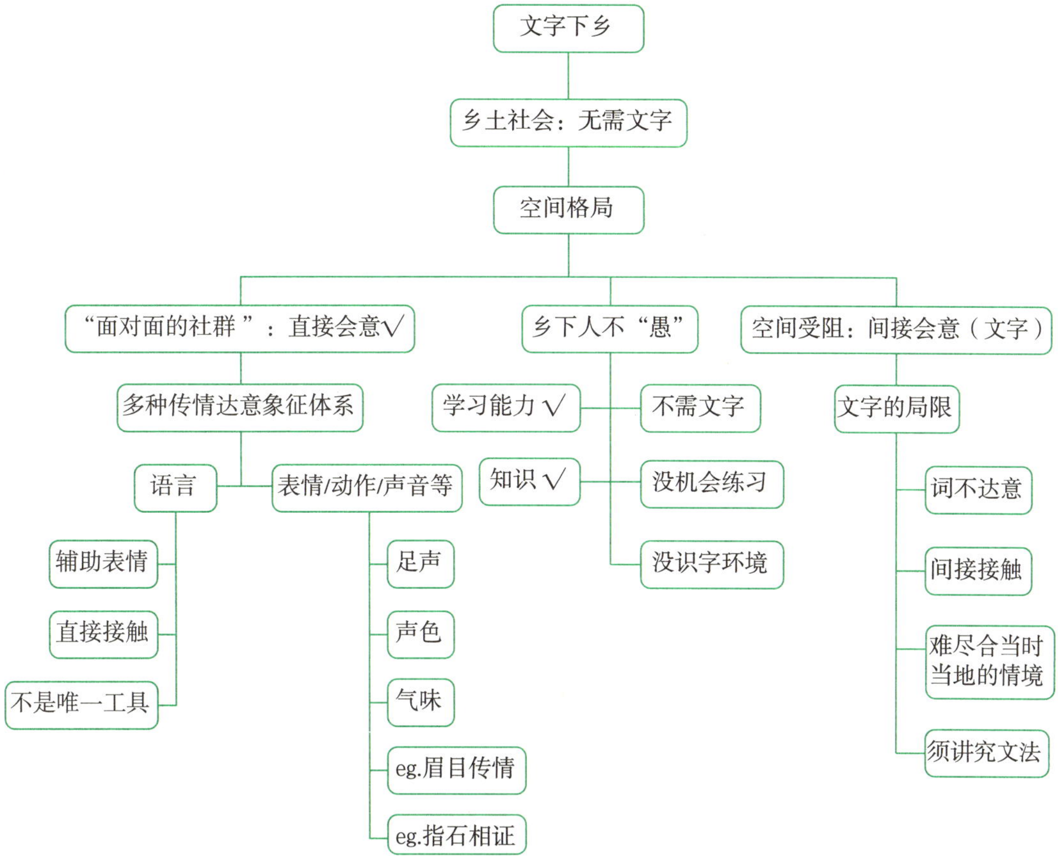

活动 3 依托文学经典作品，联系社会现实，拓展思维广度，深入理解“文字下乡”的前提条件和作者理论的预见性。回顾熟悉的初中课文《少年闰土》（节选自鲁迅《故乡》），同学们可以设想闰土和迅哥儿的“未来”，并结合《文字下乡》《再论文字下乡》两章或其他材料，探讨一下：如果闰土识字，他的命运会不会有所改变？如果感兴趣，还可以联系现实，想想九年制义务教育给乡土社会带来的一些变化，如寒门子弟通过考大学改变命运、农民微商等。

3. “人际关系、道德”板块

活动 1：对比概念明异同。阅读第 4、5 两章，对比、归纳“差序格局”和“团体格局”的不同。

活动 2：解读文化小挑战。

（1）介绍一些中国传统中关于宗族和丧服文化的知识（如“本宗九族”的划分原则、范围和“五服”的丧服文化等），师生用“差序格局”的相关知识分析、解释其文化特征。

（2）列举一些古人“结亲”的现象（如“娃娃亲”“兄弟结义”等），分析古人“结亲”的心理动机。

活动 3：联系现实，思考并讨论：

（1）一些人办事往往喜欢四处“找关系”，试从文化心理方面分析原因。

（2）微信“朋友圈”算不算是差序格局的一种表现？

【学习建议】

活动 1 为避免研究落入以偏概全的弊病，作者提出了“比较方法和理论结合实际的对策”。而引导学生通过对比西洋社会的“团体格局”来理解和归纳乡土社会“差序格局”的特征，可达到突出重点、一目了然的目的。“差序格局”是《乡土中国》一书中的核心概念，是费孝通为了说明乡土社会特有的社会结构而独创的。作者用比喻论证的方式，形象地区分了这两个概念，并清晰地阐释了它们各自依存的社会土壤的差异。阅读这章时，建议反复细读，在概念的两相对比中，更深刻、全面地了解乡土社会“差序格局”的诸多特性。

活动 2 和活动 3 勾连传统文化和现实生活，让思想沟通书本内外，向其他书、向历史、向现实生活发散开去，体会“差序格局”对民族文化心理产生的深刻影响。可以拓展思维，如分析“桃园三结义”、无血缘的人们之间称兄道弟等历史文化或生活现象，印证和思考《差序格局》和《维系着私人的道德》两章中的重要概念和结论。

4. “经济”板块

活动 1：对比概念明异同，勾连传统析著作。

（1）对照西洋家庭的结构，用思维导图补出乡土社会“小家族”的特征，比较两者的异同。

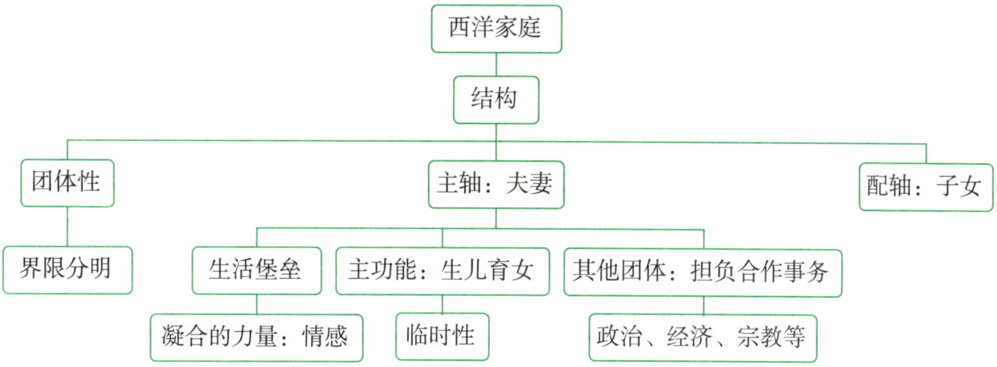

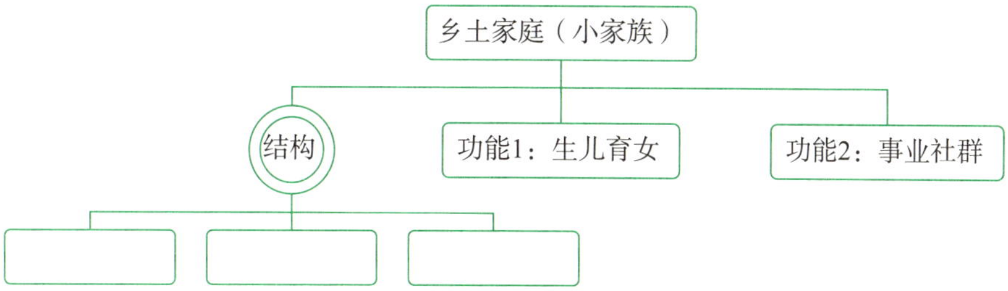

（2）区分乡土社会“阿波罗式”和现代社会“浮士德式”在感情定向上的不同。

活动 2：围绕传统，各抒己见。

传统的观念和做法举例	点评
嫁出去的女儿，泼出去的水。	
手艺传承上，传男不传女。	
张飞误酒，导致刘备妻子被掳。刘备安慰张飞：“兄弟如手足，妻子如衣服。衣服破，尚可缝；手足断，安可续？”	
结拜兄弟的誓词：“不求同年同月同日生，但求同年同月同日死。”	

活动 3：扎根文本，发散思维。农民李土根因家里地不够种了，被迫离开熟悉的乡村，成了一个漂泊异乡的“新客”。结合《血缘和地缘》一章，设想：李土根在异乡将何以立足？可能的谋生手段有哪些？试口述李土根这个“新客”可能的人生经历（家乡情况、背井离乡、异地谋生……）。

【学习建议】

活动 1 和活动 2 从对比概念到讨论传统，最终再回到概念，这一组活动旨在引导学生活学活用，对“小家族”的经济功能和“男女有别”理解得更透彻。为了突出中国乡土社会的主要性质，费孝通在刻画中国乡土社会的特征时，采用了和其他社会体系及社会关系对比的做法。建议学生提炼出能体现乡土社会“小家族”特征的词汇，补全思维导图。在此基础上，通过对比、归纳，总结出乡土社会“小家族”与西洋社会“家庭”的异同点，这有助于在阅读时快速且准确地弄懂概念。

即便阅读了《男女有别》一章，要弄清楚男女之别到底“别”在哪些地方，也不是一件容易的事情。可以结合活动 2 提供的材料，进行分析或讨论，如传统社会里，女人的地位普遍低下，与儿子相比，女儿甚至没有继承父母财产的权利，一旦出嫁，就成了“泼出去的水”……这些能促进学生具体且深刻地理解男女之“别”。

活动 3 设置情境：一些在经济上“直接靠农业来谋生的人”，从“粘在土地上”的状态到开始“细胞分裂”，去异乡谋生。引导学生的发散思维，通过设想他在异乡将如何谋生，体会乡土社会的经济形态是怎样逐渐发生变化的。

阅读这几章内容（尤其是《血缘和地缘》一章）时，可以根据文本信息，合理地设想一下，如“像是半身插入了土里”的农民不到万不得已的情况，一般是不会离开赖以维生的土地的。农民李土根很可能是因家里兄弟多，地不够种了，或养活不了一家人，才被迫离开熟悉的乡村，成了一个漂泊异乡的“新客”。那么，他将如何在陌生之地立足呢？……这不是天马行空的空想，而是建立在对文本细读后的合理推测，其实也是一种深化阅读的好办法哩！

5.“政治、法律”板块

活动 1：对比概念明异同，溯古追今悟文化。对历史事实进行分析，并联系现实，谈谈“礼治”和“法治”有何不同。

历史事实	对“礼”的认识
曾子易箦；子路结缨而死……	
杀人祭旗；逼女子为亡夫殉葬……	
希腊人有将去世的父亲火葬的传统，而印度人有将死去的双亲遗体吃掉的传统。彼此都认为对方的习俗可怕，无法接受。	

活动 2：观看电影《秋菊打官司》。围绕“法律下乡可能遇到的问题”展开讨论，并试着为乡村“法制化”的推行提供可行的建议。

活动 3：重温鲁迅小说《祝福》。用本书相关理论，分析祥林嫂惨死的根本原因，并试编情景剧——祥林嫂的冤魂追问："是谁杀了我？"（在剧中给出这一问题的答案。）

活动 4：动动笔，我手写我思。根据对"礼治秩序""长老统治"等章节的理解，编写一张乡村逆旅的"旅客须知"，方便旅客熟知"规则"，做到"从心所欲不逾矩"。

【学习建议】

活动 1 和活动 2 都旨在引导学生关注现实生活，培养其学以致用的能力。活动 1 在对历史事实的分析、讨论中，多角度理解"礼"的性质、生成条件、作用和存在的土壤等。活动 2 借助影视作品，设置情境：当"法治"碰上"礼治"会怎样？在讨论中，引导学生思考问题，并鼓励其提出解决问题的可行方案。活动 3，通过对文学经典的再思考和创意演绎，调动学生的阅读兴趣，促其把书读"活"。活动 4，以读促思，以思促写。在深刻领悟文章的基础上，进一步用写作将理解行诸笔端。

可以联系活动 1 和活动 3 中提供的历史材料和熟悉的课文，印证乡土社会"礼"的诸多特点："礼是社会公认合式的行为规范"，"人服礼是主动的"，"残酷与否并非合礼与否的问题"……

此外，在阅读相关章节时（第 8—11 章），师生可以一起讨论电影《秋菊打官司》中反映的问题：秋菊打官司是为丈夫讨公道，为什么秋菊的丈夫最后会极力阻拦秋菊继续打官司？秋菊一直想要"一个说法"，东奔西走了许久都没有得到"一个说法"。为什么律师说，法律一定会给秋菊一个说法？法律与之前的流程有什么不同？秋菊将打官司进行到底，她真正想要得到的是什么结果？最终她得到了想要的结果吗？如果可以重来，秋菊还会选择打官司吗？"送法下乡"，你能想到哪些可行的办法？……

在观影和讨论中，学生不仅印证了书中的观点，而且形象地感受到了"法律下乡"可能会遇到的困难，还探究了秋菊的选择、如何"送法下乡"等有意义的问题。如果学生仍有兴趣，还可以积极地参与到接下来设置的写作环节——为乡村逆旅写一则"旅客须知"。

6. "社会发展"板块

活动 1：在乡土社会中，亲戚、邻里之间偶尔会互赠自家地里产出的瓜果菜蔬等，而很少从对方手里买这些东西。人们请客吃饭，也会互相争抢着付账，这很不同于现代社会流行的吃饭 AA 制。阅读第 12 章，谈谈你对这些现象的理解。

活动 2：第 12—14 章，每章的标题都是两两相对的概念，从概念的变化中，其实能窥见一些社会发展方面的变化。谈谈与乡土社会相比，现代社会发生了哪些方面的变化。

活动3：梳理与归纳。下图已将乡土社会的主要特点罗列出来，请补写出与之相应的现代社会特征。

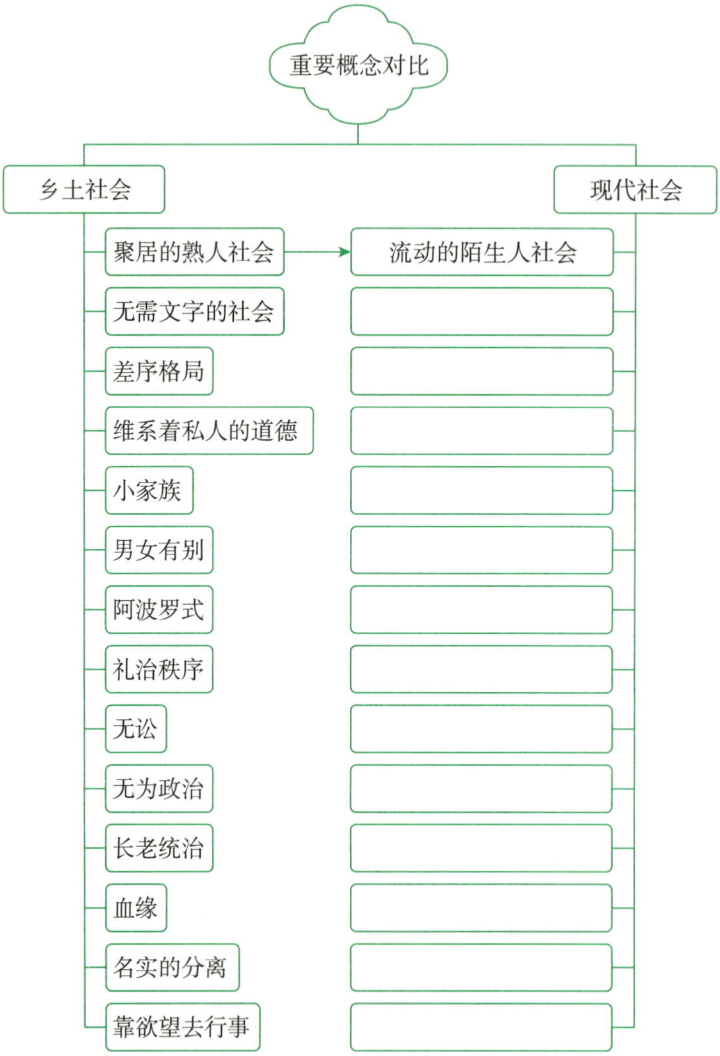

【学习建议】

活动1联系生活现象，深入体会乡土社会经济往来上的特点。当今的学生，很多对乡村环境是十分陌生的。如何能更好地理解书中的一些观点，仅凭费孝通书中的例子显然还不够。建议同学们联系生活中常见的现象，帮助自己印证和思索书中的一些观点。

活动2跳出单个章节，从"全局"上理解乡土社会的发展和变化。总而言之，本书最后三章，作者在探索：是哪些因素在促使乡土社会开始变迁，走向现代社会？

示例（见下图）：

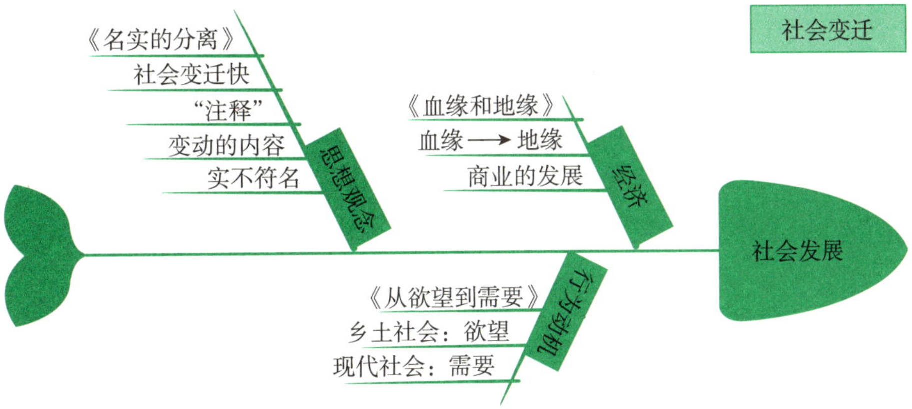

活动 3 属于梳理和归纳，是对全书进行整体性把握。阅读完《乡土中国》整本书后，十分有必要全面地梳理本书中的核心概念。通过概念对比，学生对乡土社会和其他社会体系的差异可以有一个全面的认知。

（三）读写测评

现如今，乡土社会与费孝通笔下的乡土社会相比，已经大不相同，出现了很多新的变化，如新农村建设、乡村企业、干群关系、外出打工、子女教育、医疗保险、天价彩礼、人情来往负担、环境保护等。请选择感兴趣的方面，多途径调查，分析这些新变化，尝试将调查结果整理成 1000 字左右的小论文，分享给同学们。

学习建议：

阅读绝不应该是孤立地阅读作品本身，而是要借助作品，理解生活，指导生活。从调查、分析到整理成小论文，在各种现象的勾连和比较中，推动学生深入思考，批判性地汲取本书和传统文化中的营养，关注现实，最终达到发展思维品质、丰富精神世界、形成正确"三观"的终极目标。

《普通高中教科书语文必修上册》第四单元（《家乡文化生活》）的学习活动一和活动二分别是"记录家乡的人和物"和"家乡文化生活现状调查"。学习过第四单元，学生应该已经学会了列出一系列访谈提纲、制作调查问卷和撰写调查报告的基本方法，甚至还可能掌握了一些不错的访谈技巧。这些都有利于降低做乡土中国现状调查的操作难度。在此基础上，选好调查方向，通过网络、实地等途径认真完成调查报告，学生对本书和当代文化的理解必定会更加深刻。

第三章　任务学习

一、序言与后记：解读全书之钥

序言，一般介绍作者创作的缘由、经过、旨趣，以及全书的主要内容。后记，一般以创作经过、评价内容为主，有时对某个问题提出引人深思的看法，让读者能够进行更深层次的思考。

阅读学术著作应该非常关注“序言”和“后记”，但很多读者往往浮光掠影般的一

“翻”而过，这对于把握全书是非常不利的，相当于丢弃了一把打开大门、登堂入室的钥匙。

为此，本节将“序言”和“后记”加以联结，设计相关学习任务，旨在让读者理解全书。

《乡土中国》是费孝通在20世纪40年代后期在西南联大和云南大学讲“乡村社会学”课程的讲稿，后来连缀成册。作者根据自己所认识到的中国乡村社会，凭着扎实的学识和初生牛犊的闯劲，不断探索着中国乡土社会的传统文化和社会结构。本书中的“序言”与“后记”对于读者了解全书的写作过程、研究内容与研究方法等具有重要意义。

本书“序言”重点阐述了作者的治学品质和探索精神，并提出“作为中国基层社会的乡土社会究竟是个怎样的社会”这一问题。思考这一问题，有助于读者明白：何为“乡土社会”？“乡土社会”有何特征？“乡土社会”产生了哪些影响？阅读正文时，要把握乡土社会的成因、影响、差序格局、礼治秩序、权利限制等内容，要将每节内容中提出的概念、列举的事例、运用的手法以及前后章节的联系理清，这样才能从总体上了解作者对“乡土社会”的逐步研究和探索。

本书“后记”介绍了写作的背景、经历和目的，重在总结用社区研究的方法对研究对象进行比较研究，进而了解社会学的概念。读者朋友在阅读过程中会遇到很多陌生、晦涩难懂的名词术语，此时我们可以采用古人的读书策略——“未晓不妨权放过，切身需要细思量”——有些内容暂且放过，也许读完全书之后，再回头看这些内容就能豁然开朗；有些内容则需重点关注，例如要研读作者所介绍的社会学发展脉络，知晓作者从乡土角度探索社会的方法。

本章所设计的学习任务，侧重培养学生信息概括、脉络梳理、比较研究、拓展阅读等能力。

“序言”部分学习要点：学习作者的治学品质；明确本书与调查报告的不同之处，结合作者《江村经济》和《禄村农田》等调查报告相关内容，与本文概念体系进行比较，进而了解乡土社会的研究特点。

“后记”部分学习要点：掌握社会学发展过程，梳理其发展趋势；了解社会学发展的出路，通过对比阅读作者的《美国人的性格》进行比较研究；结合现实开展批判性阅读，思考随着社会发展，文中哪些观点需要做相应的修改完善。

【学习任务群框架】

- 总任务：如何有效利用本书的《重刊序言》和《后记》
  - 任务一：知人论世，了解费孝通其人其书
    - 活动1：设计表格，概括本书主要内容及作者治学品质
    - 活动2：为作者的卓越贡献设计颁奖词
    - 活动3：为作者部分事迹设计镜头和画外音
  - 任务二：批注阅读，掌握自主阅读学术著作的方法
    - 活动1：教师展示批注阅读示例
    - 活动2：学生对书中一段文字进行批注阅读
    - 活动3：学生交流批注阅读成果，总结批注方法
  - 任务三：讨论分析，借助“序言”“后记”把握全书思路
    - 活动1：总结、解释《重刊序言》和《后记》中的核心概念
    - 活动2：填写表格，完成对核心概念的对应比较
    - 活动3：填写表格，了解作者的研究过程
    - 活动4：挑选事例，分析与作者研究思路的联系
    - 活动5：仿写《城市中国》的思路
  - 任务四：善于发现，抓住文本细节去探究
    - 活动1：按照模板填出值得品味的细节之处
    - 活动2：写出关于文中推考之处的评论
    - 活动3：撰写《乡土中国续》的《后记》

【学习活动设计】

任务一：知人论世，了解费孝通其人其书

活动 1：仔细阅读《重刊序言》和《后记》，大致概括本书主要内容及作者治学品质。

《乡土中国》			作者治学品质	
内容概要	采用方法		工作热情	
	涵括内容		引领学生	
	重要意义		求学精神	

【学习建议】

通过对《乡土中国》主要内容和作者治学品质的归纳，引领学生对本著作和作者性格的统领把握。要了解《乡土中国》采用实地调查研究和社会结构分析法，涵括了乡土社会人文环境、传统社会结构、权力分配、文化传递、道德体系、法礼推行、社会变迁等方面内容，构建了中国社会特有的伦理体系，对研究传统乡村社会及当今现实社会都具有一定的指导意义。

学生要知道从《重刊序言》中的“无所顾忌地想打开一些还没有人闯过的知识领域”看出作者敢闯敢拼，从“引导学生敢于向未知的领域进军”看出作者力求创新，从“如果承认这样去做确可加深我们对中国社会的认识，那就还得深入下去，还需要花一番功夫”看出作者勇于探索；从《后记》中开展实地研究，看出作者求真务实，对社会学的深刻认识，善于反思，等等。

活动 2：为表彰作者及其《乡土中国》在学术史上的贡献，请为颁奖活动设计一段颁奖词。

要求：（1）提炼优化“活动 1”表格中的内容。

（2）注意语言的简明、连贯、得体。

（3）不少于 50 字。

【学习建议】

可结合活动 1 的“学习建议”和颁奖词的特点（简洁性、情感性和深刻性）撰写，突出费孝通的治学品质以及家国情怀。例如，可以联系作者姓名及个人经历构思：“他，‘孝’对家国，追求真理，永远饱蘸心系国民的情怀；‘通’遍天下，七下甘肃定西，数十次赴吴江，学术史上留下他一个个脚印。他敢做，敢想，更敢讲，生动演绎了中国知识分子‘铁肩担道义，妙手著文章’的崇高境界。”

活动 3：如果创设“乡土里的中国”电视栏目，请为作者设计一组镜头并呈现画外音。

要求：（1）扣住作者的品质和事迹。

（2）画外音里至少使用一种修辞手法。

【学习建议】

模仿“舌尖上的中国”电视栏目形式，可以选择《后记》中作者与其前妻艰难调查或在“魁阁”中辛苦研究的场景，用简洁诗意的文字展现；画外音可以运用对偶或比喻等修辞，展现作者在追求真理的道路上不辞辛苦、求真务实的高贵品质。

任务二：批注阅读，掌握自主阅读学术著作的方法

活动 1：教师进行批注阅读示范。

批注示例：“社会学也许只有走综合的路线，但是怎样综合呢？苏洛金在批评了各派的偏见之后，提出了个 X + 1 的公式，他的意思是尽管各派偏重各派的边缘，总有一个全周。其实他的公式与其说是‘综合’不如说是‘总和’。总是把各边缘加起来，和是调解偏见。可是加起来有什么新的贡献呢？和事佬的地位也不够作为一门科学的基础。社会学的特色岂能只是面面周到呢？”

（1）“X + 1 的公式”在文中指什么？

（2）“和事佬”运用何种修辞？有何意义？

（3）“社会学的特色岂能只是面面周到呢？”这句中的关键词是什么？如何理解这句话？

【学习建议】

教师批注阅读示范，学生学习如下策略：通过抓关键词、比喻句等疑惑点进行评点，以此加深对文本的深度理解。

活动 2：学生选择书中一段文字进行批注。

提示：学术著作的批注，需要重点关注概念、观点、材料与观点的关联、论证技巧、语言风格、行文思路、研究方法等内容。

【学习建议】

让学生不仅要了解活动 1 中的批注方法，还要善于多角度地进行批注。

活动 3：学生交流批注阅读成果，初步总结批注方法，教师予以补充。

【学习建议】

学生通过实际操作，互相交流，进一步加深对文本疑惑处的理解，从而有效提升对多种批注方法的实际运用能力。教师总结批注方法，如赏析式批注、解释性批注、编号式批注、质疑式批注等，并让学生学会运用不同符号，如“？”表示疑惑、“！”表示肯定、“//”

划分层次等来厘清批注思路，这样引领学生逐步学会阅读其他文章或著作。

任务三：讨论分析，借助“序言”“后记”把握全书思路

活动 1：总结并解释《重刊序言》和《后记》中的核心概念。

要求：（1）解释要抓住要义，通俗易懂。

（2）注重将概念与正文内容相联系。

【学习建议】

通过了解核心概念，进而清晰梳理脉络，明确把握作者在《重刊序言》和《后记》中的主要思想。如“社会结构”“剩余社会科学”“社区研究”“格式”“纯粹社会学”等概念。

活动 2：纵观全文，从对应概念角度填写下面表格。

中国乡土社会概念	对应其他社会体系的概念
礼俗社会	
差序格局	
	法治秩序
无讼体系	
	有为政治
男女有别	
	横暴、同意权力
长老统治	
血缘社会	

【学习建议】

通过了解活动 1 中的概念，加强对全文重要核心概念的对比理解，全面把握“乡土社会”和“其他社会体系”的主要思想，有助于对全文内容的宏观把握。

活动 3：探究作者研究思路，完成下面表格。

	研究基础	问题意识	研究对象	社会学研究方法	研究目的
研究过程					

【学习建议】

学生通过了解作者的研究过程，如对“作为中国基层社会的乡土社会究竟是怎样的社会”问题的探讨，对“全盘社会结构中的具体社区”写作对象和“美国 Mead 女士的《美国人的性格》”模仿对象的研究，采用“社区研究”的比较方法，通过“提炼出一些认识乡土中国的概念，呈现包含在中国基层传统社会里特具的体系，帮助我们理解具体的中国社会”这一目的，从而理清作者的研究思路，有助对全书的内容主旨、研究方法、写作目的等方面的全面了解，这样阅读整本书的思路也更明晰。

活动 4：找出正文每章节中的具体事例，分析与作者研究思路的联系。

【学习建议】

本书中有很多鲜活生动、寻常可见的事例，学生要知晓其中的用意，进而加深对作者研究思路的融会贯通。如《无讼》中的裁判员吹哨子和乡绅调解的例子，意在表明乡村“无讼无法”是因为拥有维持礼仪秩序的乡绅阶层，也就是参加比赛的所有球员。这是强调了乡村社会中“礼治”的特征，这和前篇《礼治秩序》和后篇《无为政治》都是有一定联系的。这样学生就能理解作者研究思路中的“社区分析”“问题意识”“比较研究”部分的显现。

活动 5：如果要撰写《城市中国》这本书，你会如何入手？

要求：（1）仿照作者写作《乡土中国》的思路。

（2）简写一节内容（包括标题），每节要举出一个支撑事例。

【学习建议】

在把握本文写作思路的基础上，确定研究问题、方法、对象和目的，展开调查研究和实地考察，了解在现代都市中“城”与“市”的特色，如“大量外来打工者的迁入”“工业化的不断发展”“房价的日渐上涨”“城市环境的污染”等现象。这样的书面训练，可以加深学生对本文研究思路的深入理解。

任务四：善于发现，抓住文本细节去探究

活动 1：反复阅读《重刊序言》和《后记》，找出值得细品之处。

依照模板填空：通过阅读＿＿＿＿＿＿＿＿＿＿＿＿＿＿＿＿一句中的＿＿＿＿＿（关键词、标点、图片），我懂得了＿＿＿＿＿＿＿＿＿＿＿＿＿＿＿＿＿＿＿＿＿＿的深意。

【学习建议】

抓文本细节是有效咀嚼消化文章的妙法之一。通过对文本的细究，细读《重刊序言》和《后记》中的关键点，促进学生对内容的有效吸收。如：

（1）对《重刊序言》中“所以该书初次出版时在《后记》中向读者恳切说明：由于刊物的编者‘限期限日的催稿，使我不能等很多概念成熟之后再发表’。‘这算不得是定稿，也不能说是完稿，只是一种尝试的记录罢了’”的“恳切”“成熟”“尝试”等词的深刻理解。

（2）对《重刊序言》中“这本小册子和我所写的《江村经济》《禄村农田》等调查报告性质不同”的“不同”应如何理解。（翻阅《江村经济》《禄村农田》内容，加深对本文写作目的的理解。）

（3）对《后记》中“堂奥既被各个特殊社会科学占领了去，社会学也只能退到门限上，站在门口还要互争谁是大门，怎能不说是可怜相”的“退”这个动词该如何理解？

（4）对《后记》中两幅插图——“为亡灵焚烧供品的民间信仰”和“供奉和祭祀祖先的家堂神位”作用的理解。

活动2：如果你是报社记者，请为“《乡土中国》之新见”评论栏目进行撰稿，谈谈自己对文中“值得推考”的方面的理解。

要求：（1）学会用思辨的观点。

（2）注重用语的准确性。

【学习建议】

阅读著作的较高境界，应是在准确理解的基础上学会自主探究，自我发掘，甚至敢于向权威挑战，这样既能调动学生的阅读兴趣，也有益于激活学生的阅读潜质和表达能力。

教师示例：在《文字下乡》这一节中，作者提到，“于是在熟人中，我们话也少了，我们‘眉目传情’，我们‘指石相证’，我们抛开了比较间接的象征原料，而求更直接的会意了。所以在乡土社会中，不但文字是多余的，连语言都并不是传达情意的唯一象征体系”。

解读提示：不需要文字的农村时代，是在内部冲突有限和外部环境不变的条件下。随着农村社会的发展以及人与人之间关系的复杂化，农村社会的文字需求也越来越大，有时不仅需要文字，还需要文字的与时俱进，这样才能更好地推进农村社会的全方位发展。

活动 3：如果让你现在参加农村社会调查，要为《乡土中国续》撰写《后记》，你该如何完成？

【学习建议】

随着时代的变迁，很多乡村思想观念和秩序发生了变化。如“社会关系的转变，不再是传统的聚族而居的熟人社会，渐渐向陌生性转变”，“长老时代渐渐式微，乡村中说话有分量的，有时不是年长的德高望重者，而是一些有钱有势之人”，“礼治秩序的变化，随着人口流动、物欲冲击，现代农村社会由规范性向失范性转变”。学生可以围绕这些变化，按照《乡土中国》的写作思路，对现代乡土社会学提出新解，让读者对新乡土中国有更深刻的反思。

二、乡土本色：理解中国社会特征

“从基层上看去，中国社会是乡土性的”，这句话是进入本书的一把钥匙。本章作为全书的总论，阐明了中国社会的基本特征。“土”衍生出赖土而生的“农业”这种生产方式，衍生出“社”这种传统节日来表达对土地的情感，衍生出安土重迁的思想传统和思维方式。人从土里产生过光荣的历史，又受到“土”的束缚。“乡”是具体的时空坐落，是聚村而居的生存方式，是固定的人空关系，是“故乡”这一文化情感的具象依托。

“乡土社会在地方性的限制下成了生于斯、死于斯的社会”，这句话贯穿全书，多次出现，是由“乡土”到“乡土性”的桥梁，基于这一点，乡土社会空间固定，时间悠长，是熟人社会，是礼俗社会，人们从熟悉里获得信任，遵从规矩，从俗即从心，以应付具体的生活，因而产生出安土重迁、稳定保守等文化心理。

作为本书的第一篇章，学生需要掌握一些阅读学术类著作的基本方法和途径。

首先，“本书不是一个具体的社会的描写，而是从具体的社会里提炼的一些概念”，因此，要关注文本中的概念，理解概念内涵，弄清概念之间的关系，确定核心概念。

其次，作为论述类的文章，还需要了解作者的思路是怎样展开的，要学会运用思维导图，梳理内部逻辑关系。

再次，本书“并不是具体的中国社会的素描，而是包含在具体的中国基层传统社会里的一种特具的体系”，乡土社会的特征是人对土的情感依赖，土对人的思想束缚。这是作者对千百年来乡土传统的提炼与浓缩，学生难免不能透彻地理解，需要提供学习支架，联系具体的现象与案例来完成思考。

最后，要引导学生关注本书的现实意义，中国社会的基层是乡土性的，跟整个民族的文化心理和文化传统密切相关，作者对乡土本色的理性审视与反思，既是乡村振兴的重要环节，又是国人寻找精神家园的必经之路。还要学生进一步思考，在时代变迁中，乡土社会的哪些基因仍在流动，乡土本色带给今天的现代化进程以怎样的思考。

【学习任务群框架】

- 主任务：如何通过“本色”来理解乡土社会的基本特征
  - 任务一：理解概念内涵，初识乡土本色
    - 活动1：浏览本章内容，圈画主要概念
    - 活动2：完成表格填写，理解概念内涵
    - 活动3：确定核心概念，思考全书定位
  - 任务二：完成思维导图，梳理“乡土”逻辑
    - 活动1：要点提取，圈画每段关键句
    - 活动2：思路梳理，完成思维导图
  - 任务三：解读乡土情结，思考文化成因
    - 活动1：关联阅读，理解文化心理
    - 活动2：调动积累，思考文化成因
    - 活动3：聚焦“土谷祠”，探究文化反讽
  - 任务四：梳理“变”与“不变”，反思土的束缚
    - 活动1：关联阅读，理解“土”的束缚
    - 活动2：回溯时代变迁，反思乡土命运
    - 活动3：开展班级演讲，探究“变”与“不变”
  - 任务五：探究发展前景，展望乡土未来
    - 活动1：探索乡村衰败原因，探究城市化的可能
    - 活动2：聚焦土味文化，规避乡土流弊，激活乡土情怀

【学习活动设计】

任务一：理解概念内涵，初识乡土本色

活动 1：浏览本章内容，圈画主要概念。

活动 2：理解概念内涵。本章出现的主要概念有“乡土本色”“熟人社会”“礼俗社会”“法理社会”等。试着填写以下表格，有些概念仅凭本章的学习不能完全理解，须在

后面的章节学习中补充完整。

概念	内涵
乡土本色	
熟人社会	
礼俗社会	
法理社会	

活动 3：讨论：本章的核心概念是什么？本章在全书的定位如何？

【学习建议】

活动 1：正如费孝通所说，概念是研读学术类著作的金钥匙，要从理解主要概念入手，把握作者的主要观点和基本倾向。

活动 2：本章中对“礼俗社会”的解释偏重于“俗”，强调“从俗即从心”，学完后面的章节后，要从“礼”的角度，对此概念加以补充。

活动 3：“乡土本色”是本章的核心概念，其他概念都是为更好地阐述核心概念服务的。同时还要注意，本章是全书的总论，乡土社会的其他特征，如外在结构的“差序格局”、内在规则的“礼治秩序”等，都是在“乡土本色”这一基本特征上衍生出来的。

任务二：完成思维导图，梳理“乡土”逻辑

活动 1：要点提取，圈画每段关键句。

活动 2：思路梳理，完成思维导图。

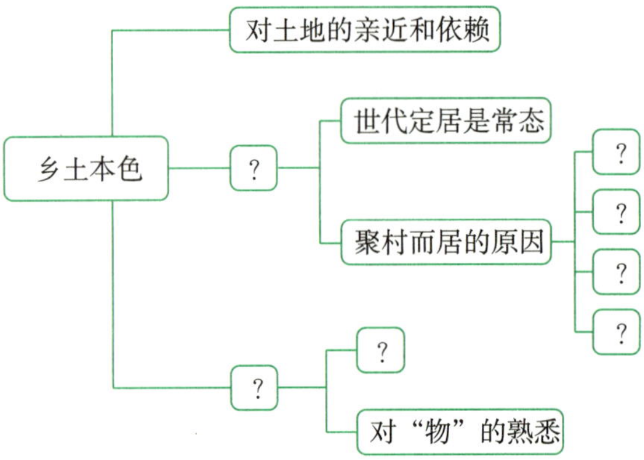

【学习建议】

活动 1：梳理文章内部的逻辑关系，要养成圈画关键句的学习习惯。

活动 2：通过思维导图，将作者的逻辑思路明晰化。示例如下：

- 乡土本色
  - 对土地的亲近和依赖
  - 人空关系固定
    - 世代定居是常态
    - 聚村而居
      - 每家所耕的面积小，住宅和农场不会距离太远
      - 需要水利的地方，有合作的需要
      - 为了安全，容易守卫
      - 土地平等继承，人口代代积累，成为大的村落
  - 熟悉的社会
    - 熟人社会
    - 对“物”的熟悉

任务三：解读乡土情结，思考文化成因

活动 1：根据本章内容，解读以下材料所揭示的中国人共有的文化心理。

汉人凿井而饮，耕田而食，蚕织而衣。凡所以养生者，不地著则不得也。故安先世之田宅，服先畴之畎亩，守前人之世业，十世百世，非兵革易代，掳掠驱逐，则族坟墓，恋乡井，不忍移徙。此汉人之恒性，汉人之生理，古今不易者也。

——［元］胡祗遹《论逃户》

世界上没有任何其他的农人能给人如此纯真又如此亲近土地的印象，当他们死去的时候，他们又带着童稚般的信赖归于那对他们是真正的母腹的大地。

——［德］赫尔曼·凯泽林《一个哲学家的旅行日记》

如果说西方文化是一种“游而求食”的“动物文化”，那东方文化就是“植根于土壤”的“植物文化”。中国人对乡土的怀恋，就像树深深地根植于自己的文化土壤。

——陈序经《东西文化观》

活动 2：读完本章后，要理解“土”在我们文化中所占和应占的地位。“故土”“土生土长”“水土不服”“落叶归根”都是将人的生活嵌入到了“土”当中，更有把土地比作母亲的说法。“乡土情结”是传统文化中一种重要的情感，试着再举出些例子，并结合本章

观点，思考“乡土情结”形成的原因。

举例	“乡土情结”形成的原因
1.	
2.	
3.	
……	

活动 3：《白虎通·社稷》说：“人非土不立，非谷不食。土地广博，不可遍敬也，五谷众多，不可一一祭也。故封土立社，示有土也；稷，五谷之长，故立稷而祭之也。”在《阿Q正传》中“土谷祠”（土地庙）是阿Q的栖身之所，结合本章论述，想想作者这样写寄托的思考。①

【学习建议】

活动 1：梳理这些材料，就会发现中外学者的几则材料都指向汉人之“恒性”，即对土地的情感，进而成为一种标志性的民族文化特征，是“植根于土壤”的。

活动 2：学生需要调动自己的阅读和文化积累，如上至地坛祭祀仪典，下至乡村里的土地庙的盛行，安土重迁的思想传统，文学作品中的情感内核等，在此基础上探讨“乡土情结”的文化成因，加深对本章内容的理解。

举例	“乡土情结”形成的原因
1. “物离乡贵，人离乡贱。”“宁恋本乡一捻土，莫爱他乡万两金。”	乡下人离不开泥土，在乡下住，种地是最普通的谋生方法，“土”是乡下人的命根，“乡土社会”是生于斯、长于斯、死于斯的社会。
2. 土地崇拜：地坛祭祀，乡村里的土谷祠等。	
3. 路遥作品中对黄土地的热爱。	
4. 艾青诗歌《我爱这土地》。	

活动 3：需要学生结合本章内容，了解土谷祠在民间文化中的信仰意义，即寄托丰衣足食的愿望。在小说中，土谷祠既是阿Q的生活空间，又是他经常思想的地方，现实中的阿Q经常衣食无着，掌管百谷的土谷神并没有保证他的温饱，地保每次来土谷祠都让

① 余新明.谈谈《阿Q正传》中的土谷祠与静修庵［J］.文学教育.2010（12）.

阿 Q 更加贫困，最后他被逼得走投无路，从而有了深刻的反讽意义，体现了鲁迅对农民和土地关系的思考。

任务四：梳理“变”与“不变”，反思“土”的束缚

活动 1：作者说：“从土里长出过光荣的历史，自然也会受到土的束缚。”阅读以下材料，思考土里长出的文化“飞不上天”的根本原因。

材料 1

陈胜王凡六月。已为王，王陈。其故人尝与佣耕者闻之，之陈，扣宫门曰：“吾欲见涉。”宫门令欲缚之。自辩数，乃置，不肯为通。陈王出，遮道而呼涉。陈王闻之，乃召见，载与俱归。入宫，见殿屋帷帐，客曰：“伙颐！涉之为王沈沈者！”楚人谓多为伙，故天下传之，伙涉为王，由陈涉始。客出入愈益发舒，言陈王故情。或说陈王曰：“客愚无知，颛妄言，轻威。”陈王斩之。诸陈王故人皆自引去，由是无亲陈王者。陈王以朱房为中正，胡武为司过，主司群臣。诸将徇地，至，令之不是者，系而罪之，以苛察为忠。其所不善者，弗下吏，辄自治之。陈王信用之。诸将以其故不亲附，此其所以败也。

——《史记·陈涉世家》

材料 2

人活着是为了穿衣吃饭。

回到城中的家里，又得照旧的过着日子，一年柴米油盐，浆洗缝补。从早晨到晚上忙了个不休。夜里疲乏之极，躺在炕上就睡了。在夜梦中并梦不到什么悲哀的或是欣喜的景况，只不过咬着牙、打着哼，一夜一夜的就都这样的过去了。

一年四季，春暖花开，秋雨，冬雪，也不过是随着季节穿起棉衣来，脱下单衣去的过着。生老病死也都是一声不响的默默的办理。

他们这种生活，似乎也很苦的。但是一天一天的，也就糊里糊涂的过去了，也就过着春夏秋冬，脱下单衣去、穿起棉衣来的过去了。

他们过的是既不向前，也不回头的生活，是凡过去的，都算是忘记了，未来的他们也不怎样积极的希望着，只是一天一天的平板的、无怨无尤的在他们祖先给他们准备好的口粮之中生活着。

——萧红《呼兰河传》

活动 2：本章提到："在我们社会的急速变迁中，从乡土社会进入现代社会的过程中，我们在乡土社会中所养成的生活方式处处产生了流弊。"从鲁迅、赵树理、路遥、铁凝等作品中提取乡土社会的特征，并梳理时代变迁中作者对乡土社会发展的思考。

	创作年代	乡土本色	时代思考
鲁迅《呐喊》			
赵树理《小二黑结婚》			
路遥《平凡的世界》			
铁凝《哦，香雪》			

活动 3：总结活动 1 和活动 2 所得，以"乡土社会的'恒'与'变'"为题，在班里做一次 5 分钟演讲。

【学习建议】

活动 1：依托文学经典，聚焦文本难点，对农民"受到土的束缚"加深理解。两则材料都在探讨农民思想的局限性。材料 1 以陈涉为代表的农民起义证实了乡土社会蕴藏着强大的反抗力量，但是中国历史上的农民起义都以失败告终。学生需要进一步思考，陈涉起义失败的原因很多，而司马迁直击要害，重点写了陈涉的骄奢退化、气局狭小，这也是历次农民起义功败垂成的原因。材料 2 萧红以细腻的笔触再现了乡下人具体生活的方方面面，他们赖土而活，极少流动，生于斯，死于斯，人空关系固定，小农经济自给自足的特点使得他们思想上孤立隔膜，追求稳定，安土重迁，逆来顺受，导致了愚贫和保守。

活动 2：本书阅读必须关注的一个问题是作者对乡土社会的思索始终放在现代化进程中去反思和探索。学生需要依托文学文本，获得具体鲜活的体验和理解，从 20 世纪 20 年代的《呐喊》到 40 年代的《小二黑结婚》，再到改革开放前后的《平凡的世界》和《哦，香雪》，给抽象的理论提供了生动有力的支撑。填写表格的同时，学生可以理出乡土社会现代化进程的线索，思考时代变迁中乡土社会的"恒"与"变"，从而完成活动 3。

示例如下：

	创作年代	乡土本色	时代思考
鲁迅《呐喊》	20 世纪 20 年代	礼俗社会	唤醒沉睡麻木的国民思想

（续表）

	创作年代	乡土本色	时代思考
赵树理《小二黑结婚》	20 世纪 40 年代	熟人社会 礼俗社会	民主改革如何移风易俗
路遥《平凡的世界》	20 世纪 70 到 80 年代	乡土依恋 礼俗社会	城市化进程中的农民立场与土地情结
铁凝《哦，香雪》	20 世纪 80 年代改革开放后	乡土依恋	改革开放后，中国从历史的阴影中走出来，摆脱封闭、愚昧和落后，走向开放、文明与进步中的痛苦与喜悦

任务五：探究发展前景，展望乡土未来

活动 1：现代化和城市化进程中，乡村面临着很多现实问题，如环境污染、空巢老人、留守儿童、医疗落后等，荒芜和衰败似乎已经成了现代乡村的必然命运。原因何在呢？

乡间把子弟送了出去受教育，结果连人都收不回，教育不但没有做到把中国现代化的任务，反而发生了一种副作用，成了吸收乡间人才外出的机构，有一点像“采矿”，损蚀了乡土社会。

——费孝通《乡土重建》

中国近百年史里面，乡村是一直破坏下去不回头的，其关键全在于要走都市文明的路而未成一点。

——梁漱溟《乡村建设理论》

以上观点你是否同意，阐明原因，并在此基础上探索乡村的未来和出路。

活动 2：当今社会“土味”文化盛行，阅读以下材料，完成学习任务。

材料 1

土味是中国乡土意识的延伸，在当代异化成了一种生活趣味的表达、个人气质和文化氛围。

——《新周刊》

材料 2

近日，中国农民丰收节组织指导委员会正式设立“中国农民丰收节推广大使”，袁隆平、申纪兰、冯巩、海霞、冯骥才、李子柒等6人受聘担任首批推广大使。

——2020年5月中国农业农村部官网

材料3

没有乡村的现代化与城市化是危险的。这不只来自于乡村的一些朴素观念可以哺育城市，还在于乡村可以分解城市的极端化发展，避免它们膨胀成一个个硕大的怪胎。

——熊培云《一个村庄里的中国》

李子柒的成功给“土味文化”的发展带来哪些启示？请查阅相关资料，结合李子柒的成功经验，为如何引导“土味文化”写一份建言书。

【学习建议】

活动1：通过材料拓展，需要学生对费孝通和梁漱溟的观点做出思考和判断，乡村的荒芜和衰败，有人才不回流的原因，也有现代化进程农村被排除在外，城乡二元对立发展失衡的原因。整合以上两点，需要把乡村建设纳入到现代化进程中，改变乡土社会不流动的特征，盘活城乡的资源流动，城市用现代文明哺育乡村，乡村以其根文化的特质反哺城市。

活动2：将本章内容和当代语境对接，学生需要整合前面几个任务的所得，无论美丑雅俗，乡土产生的文化体现着乡土民众对乡土社会的认识，土味文化中的粗俗甚至审丑等内容有生活趣味、审美取向、文化氛围的因素，引导“土味”文化向着健康的方向发展，需要规避乡土社会的流弊，让“土气”在新时代焕发出新的生机。可以从李子柒现象中汲取如下经验：

（1）从基层看，中国社会是乡土性的，要发展和振兴乡村文化，无法真正离开乡土，仍然要在那块泥土上生根发芽。

（2）李子柒不同于其他“网红”之处，在于她几乎所有的制作都是从土地开始，善于就地取材，制作酱油就从一颗豆子种在地里开始，重新唤醒了国人心中对土地的情感。如抒发对乡土家园的热爱；挖掘和传播乡土社会古老的文化，表达和言说对传统文化的敬畏与理解；让乡土社会悠长的“慢”生活与现代快节奏的生活相调剂；打破乡土社会的封闭性，利用传媒走向世界等。

（3）李子柒的成功源于对乡土社会内核的深刻理解，对乡土本质的回归和雅化，要引导乡村社会有意识地摒弃粗俗狭隘的文化视角，创造出既能体现乡土生活的活力与生机，又能弘扬乡土情感的朴素与乐观特质的文化产品。

三、文字下乡：城乡差异与破解路径

《乡土中国》是费孝通的一本学术性专著，全书共有十四章，章章都有鲜明的观点、严密的论证和翔实的考证，处处体现出一流学者治学的严谨和深刻。而虽为学术论著，其语言表达却平易近人，取譬生动，并无一般学术专著的晦涩难懂。对于正要学习论述逻辑、培养科学思维和态度的高一学生而言，这本书具有很强的可读性和借鉴性。

“从基层上看去，中国社会是乡土性的。”在第一章《乡土本色》中，费孝通以通俗的笔触说明了乡土社会的“土气”，让读者理解乡土社会的基本特征。《文字下乡》和《再论文字下乡》是第二章和第三章，在第一章的基础上讨论了乡土社会的教育问题，即乡土社会是否需要文字下乡。这两章费孝通用简明通俗的语言，从空间和时间两个维度论述了文字在乡土社会的不适应性，论证思路清晰，逻辑推理严密，理据充足，见解精辟。学生通过这两章的阅读，可以获得不少论述文写作经验上的启发。

考虑到学生并无多少社会科学论著阅读经验这一真实的学情，我们在设计这两章的学习任务和活动时，侧重于通过抓住文章中的核心概念和观点句，厘清论证思路，训练学生的社科论文的阅读能力，培养他们的理性思维。

两章中，《文字下乡》从对“乡下人在城里人眼睛里是‘愚’的”这一日常观念的批驳谈起，引出“乡下多文盲是因为乡下本来无需文字眼睛”的思考，切入“讨论文字作用”的议题，起笔自然而又妙趣横生，颇具匠心。接下来，作者从空间的角度，联系乡下的日常生活，通过对文字的特点和特殊语言现象的分析，得出“乡土社会中的文盲，并非出于乡下人的‘愚’”的结论。《再论文字下乡》则主要从时间的角度，通过对“人的生活和时间关联”的生活实例论述了在乡土社会里，“语言是足够传递世代间的经验了”，由于“中国的文字并不是在基层上发生”的，得出“没有用字来帮助他们在社会中生活的需要”的结论。

基于此，我们把这两章主要学习任务拟为：理清作者说理的逻辑思路，理解乡土社会和城市社会的差异，结合历史与现实寻求破解“文字下乡”困境的路径。

本设计以探究“论述之‘术’”为主题，注重读写结合，旨在让学生探究和习得作者的论述之“术”，培养思辨性思维。具体而言，包括反驳“乡下人‘愚’”、探寻论证之“径”、品味论述之“法”、涵养思辨之“力”等四组学习活动。

【学习任务群框架】

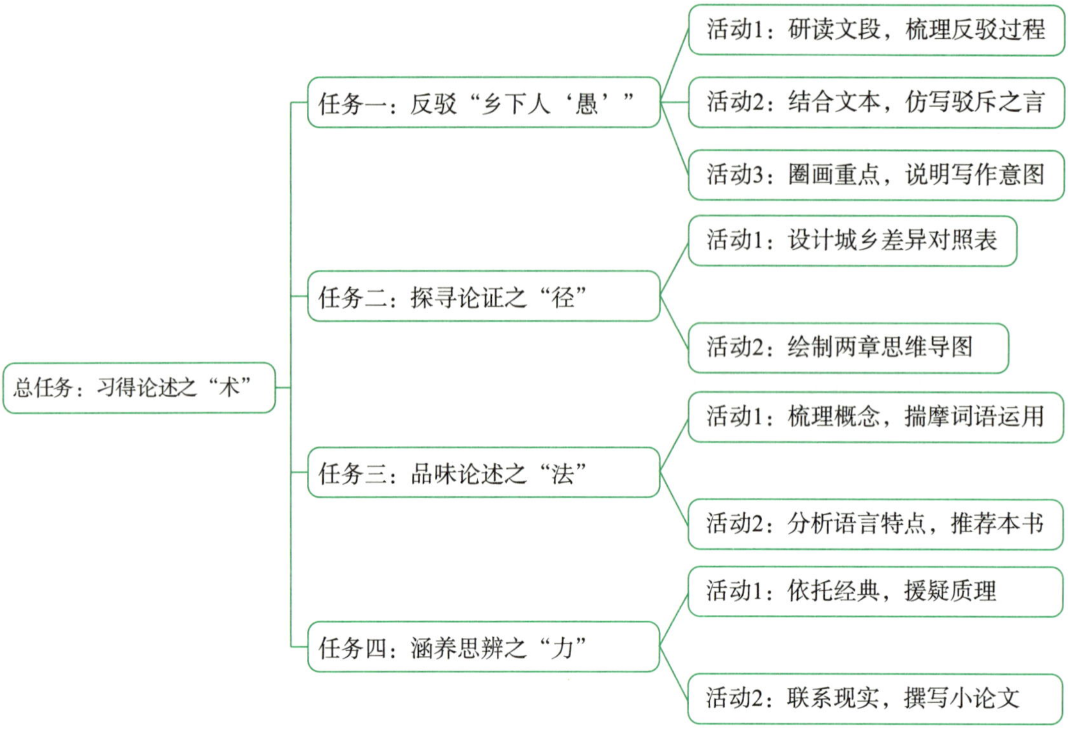

【学习活动设计】

任务一：反驳“乡下人‘愚’”

活动 1：默读《文字下乡》第 1—5 段内容，针对很多人认为乡下人“愚”的观点，作者是如何反驳的？找出相关词句，填写下表。

（1）界定“愚”的判断标准。标准是__________________而非__________________。

（2）驳斥__________方面不及人。论据：____________________________________。

（3）驳斥__________方面不及人。论据：____________________________________。

（4）结论：____。

（5）论证方法：____。

活动 2：《藤野先生》一文中，针对“匿名信事件”，鲁迅先生曾经愤激地说：“中国是弱国，所以中国人当然是低能儿。”这种观点今天看来是非常荒谬的，请同学们以小组为单位搜集材料，对这一观点进行驳斥。

要求：

（1）参考《藤野先生》一文，拟出“低能儿”的标准；

（2）在能够准确地把握“低能儿”概念的基础上，对“弱国”和“低能”进行界定；

（3）能够列举两到三条具体的事例作为论据；

（4）论证过程条理清晰、逻辑严密，能得出令人信服的新结论。

活动3：作者批驳“乡下人‘愚’”的观点，目的是什么？浏览《文字下乡》一章内容，圈画出论题句和观点句，提取重要词语，用自己的话说明本章的写作意图。

《文字下乡》一章，作者的写作意图是____
____
____。

任务二：探寻论证之“径”

活动1：细读《再论文字下乡》，圈画出体现城乡生活差异的句子，探究城乡两地的人们对文字的不同需求，填写下表。

	城市社会	乡土社会
生活的差异		
对文字的需求		

活动2：《文字下乡》与《再论文字下乡》两章分别从空间和时间两个维度论述乡土社会是不需要文字的。以小组为单位，为这两章内容设计一份写作思维导图，形式不限。

【学习建议】

学术性文章重在以客观、求实的论证来探求科学的真理，与非学术性文章之间存在着一定的差异，相对而言，学术性文章在论证方面更讲求严谨，每一个立论都要建立在充分的论证之上。《文字下乡》和《再论文字下乡》两章中，作者重在用比较研究的方法来观察中国社会及文化，通过客观地比较城乡的差异来论证“乡土社会是一个无需文字的社会”，案例材料典型，逻辑思路清晰缜密。此任务重在引导学生去体会作者观察社会、研究社会的方法，梳理文章的论证思路。

任务三：品味论述之“法”

活动 1：结合下列材料，理解重要概念在本章语境中的内涵，把握论述语言的精练性、准确性。

在这种乡土社会里，就没有文字的需求。费孝通说：“我的回答是中国社会从基层上看去是乡土性的，中国的文字并不是在基层发生。最早的文字就是庙堂性的，一直到目前还不是我们乡下人的东西。”我近来读了郑也夫的《文字的起源》，文字起源于有权力的统治者，中国文字是商代围绕着商王的“贞人集团”发明的。有位朋友说，周文王当时就是商王的一个“贞人”，这些“贞人”是兼有政治和宗教权力的双重身份的人。

——陈心想《乡土社会的文化传承：再论文字下乡——阅读费孝通〈乡土中国〉札记之三》

概念	内涵
面对面社群	
象征原料	
定型生活	
文字的“庙堂性”	

活动 2：探究论述语言自然平淡而又准确严密的特点。

（1）任务情境：《乡土中国》虽为学术论著，但是其语言表达却毫无晦涩艰深之感，而是通俗易懂、取譬生动，令人读来不胜回味。请你从本章中挑选出一些能够体现本书论述语言特点的语句，从论述语言的角度为本章写一段推荐语，表明向你的同学推荐阅读这两章的理由。

（2）推荐语示例

《乡土中国》推荐语

阅读《乡土中国》，可以在语言、思维、审美、文化等方面获得滋养，提高语文学科素养和关键能力。本书善于运用比喻、引用等修辞手法，语言质朴，通俗易懂，形象生动，也不乏幽默诙谐，引人入胜，读来兴味盎然，是语言运用的典范。

——顾之川《为什么读〈乡土中国〉》

任务四：涵养思辨之“力”

活动1：鲁迅小说《故乡》里，乡下孩子闰土对文字并没有迫切的来自生活上的需求。闰土捕鸟厉害却不识字，迅哥儿识字而不会捕鸟。“迅哥儿识字并不能说明他就比闰土更聪明，只能说明生活环境的不同决定他们所需要的生活知识不同。”你同意上述观点吗？请阅读鲁迅的小说《故乡》节选，联系这两章内容谈谈自己的想法。

“还有闰土，他每到我家来时，总问起你，很想见你一回面。我已经将你到家的大约日期通知他，他也许就要来了。”

这时候，我的脑里忽然闪出一幅神异的图画来：深蓝的天空中挂着一轮金黄的圆月，下面是海边的沙地，都种着一望无际的碧绿的西瓜，其间有一个十一二岁的少年，项带银圈，手捏一柄钢叉，向一匹猹尽力的刺去，那猹却将身一扭，反从他的胯下逃走了。

这少年便是闰土。我认识他时，也不过十多岁，离现在将有三十年了；那时我的父亲还在世，家景也好，我正是一个少爷。那一年，我家是一件大祭祀的值年。这祭祀，说是三十多年才能轮到一回，所以很郑重；正月里供祖像，供品很多，祭器很讲究，拜的人也很多，祭器也很要防偷去。我家只有一个忙月（我们这里给人做工的分三种：整年给一定人家做工的叫长年；按日给人做工的叫短工；自己也种地，只在过年过节以及收租时候来给一定的人家做工的称忙月），忙不过来，他便对父亲说，可以叫他的儿子闰土来管祭器的。

我的父亲允许了；我也很高兴，因为我早听到闰土这名字，而且知道他和我仿佛年纪，闰月生的，五行缺土，所以他的父亲叫他闰土。他是能装弶捉小鸟雀的。

我于是日日盼望新年，新年到，闰土也就到了。好容易到了年末，有一日，母亲告诉我，闰土来了，我便飞跑的去看。他正在厨房里，紫色的圆脸，头戴一顶小毡帽，颈上套一个明晃晃的银项圈，这可见他的父亲十分爱他，怕他死去，所以在神佛面前许下愿心，用圈子将他套住了。他见人很怕羞，只是不怕我，没有旁人的时候，便和我说话，于是不到半日，我们便熟识了。

我们那时候不知道谈些什么，只记得闰土很高兴，说是上城之后，见了许多没有见过的东西。

第二日，我便要他捕鸟。他说：

“这不能。须大雪下了才好。我们沙地上，下了雪，我扫出一块空地来，用短棒支起一个大竹匾，撒下秕谷，看鸟雀来吃时，我远远地将缚在棒上的绳子只一拉，那鸟雀就罩在竹匾下了。什么都有：稻鸡，角鸡，鹁鸪，蓝背……”

我于是又很盼望下雪。

闰土又对我说：

“现在太冷，你夏天到我们这里来。我们日里到海边检贝壳去，红的绿的都有，鬼见怕也有，观音手也有。晚上我和爹管西瓜去，你也去。”

“管贼吗？”

“不是。走路的人口渴了摘一个瓜吃，我们这里是不算偷的。要管的是獾猪，刺猬，猹。月亮地下，你听，啦啦的响了，猹在咬瓜了。你便捏了胡叉，轻轻地走去……”

我那时并不知道这所谓猹的是怎么一件东西——便是现在也没有知道——只是无端的觉得状如小狗而很凶猛。

“他不咬人么？”

“有胡叉呢。走到了，看见猹了，你便刺。这畜生很伶俐，倒向你奔来，反从胯下窜了。他的皮毛是油一般的滑……”

我素不知道天下有这许多新鲜事：海边有如许五色的贝壳；西瓜有这样危险的经历，我先前单知道他在水果店里出卖罢了。

“我们沙地里，潮汛要来的时候，就有许多跳鱼儿只是跳，都有青蛙似的两个脚……”

阿！闰土的心里有无穷无尽的希奇的事，都是我往常的朋友所不知道的。他们不知道一些事，闰土在海边时，他们都和我一样只看见院子里高墙上的四角的天空。

活动2：探究文字何时才能下乡。关于文字下乡问题，费孝通说：“如果中国社会乡土性的基层发生了变化，也只有在发生了变化之后，文字才能下乡。”你同意作者的观点吗？在阅读下列材料的基础上，写一篇小论文，提出自己的观点并展开论证。

材料 1

真正的文字下乡是在新中国成立之后，但进入正轨也是改革开放之后，全面恢复高考为标志的整套教育系统正常运转后才开始的。这些读了书识了字的乡下人，在改革开放的时代，在城市化的潮流中，他们开始背井离乡走向城市，一个路子是考学，比如以高考为主，上了大学进了城；一小部分是入伍当兵，转业了进了城。要走这两条路任一条都是不能不读书的。

还有一个是大部分乡村人选择的路，进城打工。这个路子通常没有文化和技术也是很困难的，即使是最不需要识字的工作，与家庭通信来往也有障碍。所以，乡村不是不需要文字了，“发生了变化之后”，文字有了需要。

对于乡村人来说（甚至某些城市人），“读书无用论”不时会发生。这个“无用”已经不同于费孝通说的“不需要”。这个无用论是读了书，识了字，甚至上了大学，毕业了不能找到工作，或者不能找到满意的工作，不如不读。

——陈心想《乡土社会的文化传承：再论文字下乡——阅读费孝通〈乡土中国〉札记之三》

材料 2

新中国成立后，农村现代化在中央政府强力推动下开始付诸实践。在十一届三中全会后，党的工作重心转移到经济建设上来。在农村政治体制中取消“政社合一”的人民公社，恢复了乡镇作为国家的最基层的政府机构，同时赋予村民充分的自由权利，实行了村民自治。在经济体制上实行以家庭联产承包责任制为主体的经济制度，并逐步调整了农业内部结构，高产高质高效农业开始起步。

……进入新世纪以来，中国社会面临的一个急需解决的问题就是如何实现中国乡村社会的现代化，实现城市和乡村的共同发展，从而使中国乡村的经济发展，人民生活水平有较大的提高，并和城市发展同步，两者不再构成二元社会，而是共为一体，共享现代文明社会的发展成果。但是，由于我国农村带有明显的自身特点，而这些特点在历史的发展过程中又给我国的农村现代化的发展带来了一些负面的问题，无论是农村科技的发展还是农村政治的民主，这些现象都严重阻碍着现代化的发展进程，都需要我们正确地认识，并根据其自身的特点因病下药，才能从根本上治疗我国农村在现代化过程中所存在的弊病。但是，我们也要辩证地看待这个现代化问题，既不能照搬西方式的现代化经验，也不能闭门造车。这就意味着我们不能全盘否定中国乡村社会中传统的良好特质，我们要在有中国特色的基础上寻求解决的方法，寻求有东方特色的一种现代化进程。

——冯超《浅析中国农村现代化进程——以〈乡土中国〉为视角》

四、差序格局：绘制中国社会结构地图

《普通高中教科书语文必修上册》的“整本书阅读”单元导读明确指出了“阅读《乡土中国》，要注意理解书中的关键概念”。差序格局，无疑是阅读《乡土中国》整本书必须掌握的核心概念，“费孝通最大的贡献，就是为中国社会学贡献了一个了不起的概念——差序格局”[①]。

在阅读社科类的文章或者著作时，“要引导学生正确区分社科类文章中的关键术语与生活中所使用的术语”，“要引导学生从关键术语的辨析中把握作者的主要观点”[②]。因此，在阅读《乡土中国》时，读者必然要理解书中的观点和概念，即清楚“差序格局”所指为何。作为一本社会学著作，费孝通到底是为何要提出“差序格局”这样一个概念？这个概念的定义是什么？他是如何来下这个定义的？他又是如何来佐证他的观点的？这一系列问题是我们在阅读《差序格局》时避无可避的问题群。但问题偏偏在这里，在《差序格局》这一章中，费孝通并未对“差序格局”下一个明确的定义。

在书中，“差序格局”不是通过下定义的方式来提出的，而是通过中西方社会结构差异的对比，运用“捆柴”“水波纹”等生活中经常看到的事物来打比方，引用《礼记》《论语》《大学》等儒家传统经典作品中的相关事例，结合我国乡土社会的特性，提炼而成的能形象地体现人与人之间的关系的一个概念。因此，厘清中西方社会结构的差异，理解“捆柴”“水波纹”譬喻的内涵，明晰事例与观点之间的联系，探求提出“差序格局”的缘由，就成了学习本章节的主要任务。

① 王木春．认识足下的土地——读费孝通《乡土中国》[J]．新课程评论．2020（2）：53.
② 叶黎明，陈隆升．语文教师教学技能实训教程[M]．北京：科学出版社．2016：142.

【学习任务群框架】

- 差序格局
  - 任务一：读懂譬喻，辨析概念
    - 活动1：比较阅读，找出“譬喻”之源
    - 活动2：比较“差序格局”与“团体格局”的差异
    - 活动3：比较“自我主义”与“个人主义”区别
  - 任务二：“绑定”微信，理解内涵
    - 活动1：阅读材料，理解微信红包中隐含的“差序格局”
    - 活动2：展开调查，论述微信群的分类标准
    - 活动3：阅读文本，为鲁迅先生“创建”微信群
  - 任务三：拓展延伸，探求原因
    - 活动1：阅读前三段，分析差序格局提出的原因
    - 活动2：关联阅读，思考“私”与当下的关系
    - 活动3：仿写文章，探讨乡土社会人际关系的本质

【学习活动设计】

任务一：读懂譬喻，辨析概念

活动 1：“差序格局”的内涵，费孝通并没有给出明确的定义，而采取了譬喻的方式，用水波纹形象地概述了此类社会现象。为此，对于“差序格局”的确切概念，不少学者的认识存在着偏差。阅读以下三则材料，试着解释费孝通是如何用譬喻的方式来阐述清楚这一道理的，他又为何不选择下定义的方式呢？

材料 1

文章不能直写，背后都有东西的，直接写出来就不好看了，好就好在隐喻上边。不直接说出来，懂得的人就懂了。不懂的人说这个那个，不用去管他了。

——张冠生《费孝通传》

材料 2

“差序格局”这个概念是在一种类似于散文风格的文章中，而不是在一篇严格意义上的科学论文中提出来的。在文章当中，没有对于概念的明确定义，而是一种极为形象但又很难用准确的术语进行描述的比喻。对于“差序格局”这样一个重要的概念，基本上没有理论的概括和说明；对其进行的分析，基本融化在一种叙事式的描述之中。从某种意义上来说，人们在这种分析中所见到的是一种极有洞见和启发的思想，而不是一种严格的学术结论。

——孙立平《关系、社会关系与社会结构》

材料 3

为什么会发生这种情况（或者误解）呢？

我认为这与费孝通使用的投石入水形成的水波纹比喻有关。在几乎所有使用差序格局概念的学术文章中，水波纹的比喻都被看作关于这一概念的精确定义。但是，所有的比喻都有夸张或形象化的特点，也因此而无法精确界定任何概念或事物。将费孝通的比喻当成定义是产生误解的第一层原因。

由于将比喻当成定义，绝大多数学者在讨论差序格局时都强调远近亲疏和以己为中心划圈子这两个特点。而这又恰恰是关系网的特点。于是，差序格局等于关系网的公式得以成立。这是第二层误解。

水波纹自然是在水面上一圈一圈地平行地推出的。如果停留在这个比喻所造成的意象上，所谓远近亲疏和自我中心就成了平面的、没有纵深感的蜘蛛网似的状态。推而论之，处于网内的人亦是相互平等的，唯一的差别是与处于中心的“己”或“自我”在远近亲疏、感情厚薄、利益多寡之间的差异。这显然是指我们当代生活中的人际关系网，而不是社会结构！ 这是第三层误解。

——阎云翔《差序格局与中国文化的等级观》

活动 2：精读西洋社会格局与乡土社会格局的相关章节，完成表格，辨析“团体格局”与“差序格局”概念的不同，理解“捆柴”“水波纹”等喻体的本体所指，试着给“团体格局”和“差序格局”分别下一个定义。

	团体格局		差序格局	
喻体	柴	捆绳	石头	水波纹推及力
本体				
定义				

活动 3：浏览《差序格局》第 14—17 段的内容，辨析“自我主义”和“个人主义”的区别。

自我主义	特征	
	例证	
个人主义	特征	
	例证	

任务二：“绑定”微信，理解内涵

活动1：当今时代，微信的出现极大方便了人与人之间的联系，微信名的备注、朋友圈的开放与否、聊天频率的频繁与否、红包的大小等等一些微信行为在一定程度上能看出人与人之间的关系。阅读以下材料，请以发红包为例谈谈“微信社区”中是否存在差序格局，列举出两到三条理由。

在一定意义上，传统红包是传统社会的差序格局的体现，红包大小与关系亲疏有着直接的相关性，特别是在过年和结婚这样的场景下。微信红包或多或少延续了这种差序。而深层的原因，仍是人们对社会资本的投入与回报的考虑。

当然，由于亲人间表达感情和互动的方式很多，所以在给亲人的微信红包中，人们未必一定是用最大数额，但传达的感情色彩会更浓厚，特别是在恋人之间，5.20、9.9、13.14等数字更为常用。

除了红包大小外，一对一的发红包的对象常常也与关系远近有关。

兰州一位职业是警察的受访者的经历从反面说明了关系亲疏与红包的关系。他提到，过年时给别人发红包拜年，但对方不是自己的近亲属，于是拒收了红包，自己和对方都有点尴尬。

不少受访者都谈到了红包发错对象或抢错了定向红包的尴尬。这种尴尬是源于错误的关系“闯入”。

——彭兰《微信红包中的社会图景》

活动2：“微信圈层作为‘熟人社会’在网络空间中的映射，无论对差序格局做何种现代解读，在微信圈层的社会结构中始终存在着乡土中国社会的公私、权力和权利三个主要特征。我们可以这么说，微信圈层是在传统中国社会基础上演化的‘在线（Online）乡土中国’，因其打上了互联网烙印，呈现出带有鲜明互联网特征的格局，我们将微信圈层社交结构称为‘网络差序格局’。[1]”微信群聊是现代人交流的普遍方式，请针对不同年龄层、不同职业的人群做一个小调查，撰写调查报告，说明人们建立的微信群有哪些，如何分类，聊天内容有何差异。

活动 3：假如鲁迅生活在今天，他的朋友圈也是他战斗的利器，面对刘和珍的罹难，他在“朋友圈”中写道：“沉默呵，沉默呵！不在沉默中爆发，就在沉默中灭亡。”同时，他的朋友圈也是温情流露的地方，再一次想起长妈妈的时候，他在“朋友圈”中这样写道：“我的保姆，长妈妈即阿长，辞了这人世，大概也有了三十年了吧。我终于不知道她的姓名，她的经历，仅知道有一个过继的儿子，她大约是青年守寡的孤孀。仁厚黑暗的地母呵，愿在你怀里永安她的魂灵！”请阅读朱正的《鲁迅的人际关系：从文化界教育界到政界军界》及以下两则材料，说说他会把以上两条“朋友圈”内容转发到哪些微信群：文化界朋友群、教育界朋友群、商界朋友群、军界朋友群，并简要说明理由。

材料 1

“惨象，已使我目不忍视了；流言，尤使我耳不忍闻。我还有什么话可说呢？我懂得衰亡民族之所以默无声息的缘由了。沉默呵，沉默呵！不在沉默中爆发，就在沉默中灭亡。”

鲁迅先生的这篇文章立刻得到了林语堂的响应，他在接着写的《打狗释疑》一文中说：“惨案后教育界之沉默使我想起来，实要毛骨悚然。因为爱和平，才有这种惨案的发生。就使再屠杀四十八个学生，教育界的反响——也不过如此！为什么不再屠杀？

“鲁迅先生已经说了，将来亡国也就亡在沉默中。‘沉默呵，沉默呵！不在沉默中爆发，就在沉默中灭亡。’总之，生活就是奋斗，静默绝不是好现象，和平更应受我们的诅咒。”

——朱正《鲁迅的人际关系：从文化界教育界到政界军界》

材料 2

就在相当于遗嘱的《死》这篇作于 1936 年 9 月的文章中，鲁迅生前最后一次刺了邵洵美一笔：

“……我倘曾贵为宫保（指盛宣怀），富有千万，儿子和女婿及其他一定早已逼我写好遗嘱了。”

① 方楠 . 互联网时代的“新差序格局”——微信圈层场域中社会结构与关系格局的变迁与重组［J］. 社会科学论坛 .2020（3）：89.

这里暗刺盛宣怀死后其亲属曾因争夺遗产而引起诉讼。

——朱正《鲁迅的人际关系：从文化界教育界到政界军界》

任务三：拓展延伸，探求原因

活动 1：阅读《差序格局》第 1—3 段，说说费孝通提出“差序格局”这一概念的意图是什么。

活动 2：“私的毛病在中国实在是比愚和病更普遍得多，从上到下似乎没有不害这毛病的。”阅读以下材料，这与费孝通的观点是否矛盾？

材料 1

晏阳初先生认为，中国的平民普遍都具有愚、贫、弱、私四大疾病……所谓“私”，是指中国绝大多数人民不能团结，不能合作，缺乏道德陶冶和公民常识，可说是“一盘散沙”。

——姜荣耀《试论晏阳初平民教育思想的特点》

材料 2

除夕，万家团圆之日。再忙，这一天人们都会回家。

孰料，在新年的钟声即将敲响之际，武汉新冠肺炎疫情告急。全国各地驰援武汉的医疗队伍纷纷启程。

临近午夜，一架货舱满载医疗物资的南方航空公司航班，停在广州白云国际机场。

133 名队员迎风而立。这是广东派出的第一批支援武汉的医疗队——

谢佳星，准备驾车回潮汕过年，果断放弃；谢国波，妻子怀孕 4 个月，接到任务没有一丝犹豫；陈丽芳，两个孩子，婆婆身体不好，孩子和老人都需要人照顾；彭红，远在湖南的父母盼女儿归来，她不敢说自己要去武汉；王凯，正在安徽老家陪伴父母，当即启程返粤；梁玉婵，取消了 2 月 2 日领取结婚证的计划……不管有多少困难，这些医务工作者都咬紧牙关，义无反顾地踏上征程。

团圆夜亦是出征时。羊城的除夕夜灯火辉煌，队员们有不舍，有牵挂，但更多的是信念——抗击病魔、安全归来！

深夜 1 点 45 分，航班抵达武汉天河国际机场。此时，已是庚子鼠年大年初一。133 人，走入武汉的浓重夜色中。

133人，远远不够！

珠江连汉江，壮士再出征。

正月初四晚，来自中山大学附属第一医院、中山大学附属第六医院、广东省妇幼保健院、南方医科大学第三附属医院以及广东各地市医院的147人驰援武汉。

正月十三晚，中山大学附属第一医院、孙逸仙纪念医院262名医护人员驰援武汉。

正月十四，广东省疾控中心检验队车载生物安全柜、生物废弃物高压系统、全自动核酸提取仪和荧光定量PCR仪，经16个小时长途跋涉，到达武汉，展开检测任务。

正月廿一晚，广东新组建的一批医疗队奔赴荆州。佛山、汕头、东莞、茂名、梅州、揭阳，全省医疗系统总动员……

除了这些团队，亦有人"踽踽独行"。

正月初九，中山大学附属第一医院重症医学科主任管向东教授，作为国家级专家组成员赶赴武汉执行紧急医学救援任务。"生命重于泰山，疫情就是命令。国家有困难，重症医学专家应当迅速响应！"

正月十九中午，广东省人民医院危急重症医学部主任医师蒋文新登上飞机。他奔赴荆州，担任广东省对口支援湖北荆州医疗队技术总指导。蒋文新有关节炎，膝盖疼，一拐一拐地进了机舱。他注意到，这是一架客机，却没有乘客。座位上面、下面，塞着一箱箱口罩、防护服、导尿包……机舱两侧悬挂着十几面五星红旗，在灯光的映照下，传递着温暖。

更有中医的力量。

张忠德，55岁，是当年抗击"非典"的勇士，当时不幸感染，一度呼吸衰竭写下遗书。除夕夜，他孤身启程。这些天来，作为国家中医药管理局应对新冠肺炎疫情防控工作专家组副组长，他率领67人的广东中医团队与国家中医医疗队合力战"疫"。

千里驰援，为武汉胜，为湖北胜，为中国胜。一曲新时代的奉献之歌、英雄之歌正在荆楚大地传唱——广东医疗队2461名队员，与来自全国各地的数万名医务工作者一起，为抗击新冠肺炎疫情而并肩作战。

2月14日晚，江城上空，雷声滚滚。

翌日一早，人们推开窗，惊喜地发现，天空中飘着雪花，这是庚子鼠年落到武汉的第一场雪——荆楚大地银装素裹，分外妖娆。

一位武汉市民说，瑞雪兆丰年，我们等待着春暖花开！

——节选于张培忠、许锋《千里驰援》

活动 3：费孝通说，“中国的道德和法律，都因之得看所施的对象和‘自己’的关系而加以程度上的伸缩”。请观看 2015 年央视春节联欢晚会上的相声《圈子》，从内容的角度写一篇短评，阐述自己对“圈子”的理解，并提出自己的看法。

五、维系着私人的道德：梳理私人关系的网络

中西方文化是人类社会培育出的两朵灿烂的文明之花。费孝通在第四章《差序格局》中指出：“中国乡土社会是不同于西洋团体格局的差序格局，以个人为中心，向外衍生出一层层涟漪般的圈子来，最里面一层是家庭，然后是亲戚、朋友、社会，这些圈子也随个人势力的变化而变化，大小不定。”[①] 我国当代哲学家和思想家邓晓芒与易中天把东西方的文化分别比喻成“大地之子”和“海的女儿”，他们从不同的角度得出了几乎相同的观点。“如果可以把整个历史运动归结为人与物（自然）的关系和人与人的关系的话，那么，我们可以说，西方进入阶级社会时，是通过人与物的关系来实现人与人的关系，中国则相反，是通过人与人的关系来实现人与物的关系的。”[②]

《维系着私人的道德》是本书的第五章，作者在讨论中西方社会关系差异的基础上，进一步探究隐藏在社会关系背后的乡土中国文化的思想内核。这一章作者关注的是乡土社会的道德观念，西方与东方不同的社会格局差别引起了不同的道德观念，作者用团队格局的道德观念特点来反衬差序格局下的道德观念的特点。在差序格局影响下，中国乡土社会呈现出独特的道德观念，独特道德观念的内核是“德”与“礼”，其外在的表现形式是“从己向外推以构成的社会范围是一根根私人联系，每根绳子都被一种道德要素维系着”，进而形成了“由无数私人关系达成的网络”。在这一章中，作者先从“建筑在团体和个人的关系上”的西方“团体格局”中的道德观念谈起，来陪衬出“差序格局”中的道德体系的特点。因此，作为一名合格的学术著作的阅读者，首先应充分理解“团体格局”中的道德关系，然后再通过对比关系，读懂作者对“差序格局”中道德体系的论述，进而把握乡土社会道德体系的本质。

因此，本章的学习任务围绕这些关键点展开。本任务群围绕乡土社会基层结构是一

① 费孝通．乡土中国［M］．北京：北京大学出版社，2012：42.
② 邓晓芒，易中天．黄与蓝的交响［M］．武汉：武汉大学出版社，2007：30.

个“一根根私人联系所构成的网络”这一核心问题，确定理解本章要抓住的几个关键词：道德观念、道德体系、宗教观念，围绕这三个关键词进行对比，中国乡土社会的道德体系及其本质特点就能清晰地揭示出来。本章首要的学习任务是请学生在浏览文章的基础上，了解“团队格局”与“差序格局”社会关系是东西方道德体系产生的基础，把握作者阐述乡土社会思想内核的三个核心概念——道德观念、道德体系和宗教观念，进而概括出两种不同社会结构中三个关键词的不同表现形式；然后选取了关于“上帝”“仁”的相关论述，探究东西方社会结构中，道德观念差异的本质特点。在理解上述内容的基础上，运用“维系着私人的道德”这一命题对现实社会中人与人的关系进行评述。

在学习任务展开的过程中，学生对乡土社会“维系着私人的道德”这一命题进行深入的思考，同时也会存在诸多疑问。但是本章的学习任务主要是理解乡土社会结构的道德关系，理清乡土社会“维系着私人的道德”这一命题的内涵，至于这一命题对学生认知产生的冲击和影响则不需花费过多精力，让学生带着这种认知冲突思考现实社会中的问题，才能让学习者获取真切的生活体验。

【学习任务群框架】

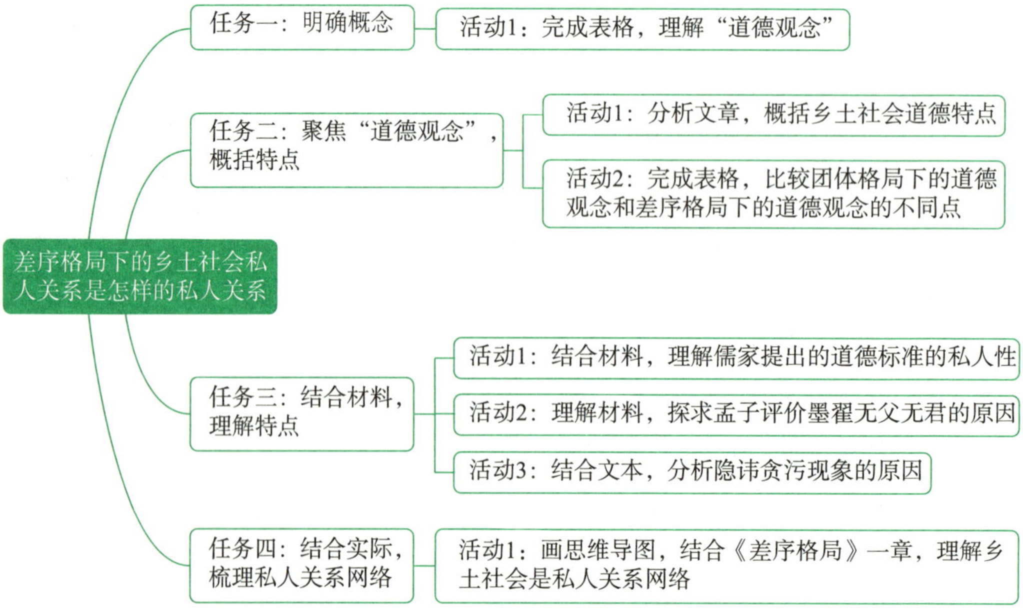

【学习活动设计】

任务一：在比较中梳理东西方社会结构的思想内核。

活动 1：浏览《维系着私人的道德》一章，圈画出作者在论述团体格局的道德观念部分提到的重要学术概念，结合上下文解释其内涵。

重要学术概念	内涵阐释

活动 2：围绕以下学术概念，比较东西方道德关系的差异。

重要学术概念	“团体格局”的表现形式	“差序格局”的表现形式
道德观念		
道德体系		
宗教观念		

要求：（1）尽量抽取文章中的关键词句；

（2）最好用完整通顺的一句话来描述。

活动 3：小组在讨论的基础上，用一段话概括“差序格局”社会的道德标准。

任务二：探究东西方道德体系的本质差异。

活动 1：阅读下列材料，提取信息，概括出孔子所提出的“仁”和西方的“上帝”不同的内涵，完成下列表格的填写。

材料 1

颜渊问仁。子曰：“克己复礼为仁。一日克己复礼，天下归仁焉。为仁由己，而由人乎哉？”颜渊曰：“请问其目。”子曰：“非礼勿视，非礼勿听，非礼勿言，非礼勿动。”颜渊曰：“回虽不敏，请事斯语矣。”

仲弓问仁。子曰：“出门如见大宾，使民如承大祭；己所不欲，勿施于人；在邦无怨，在家无怨。”仲弓曰：“雍虽不敏，请事斯语矣。”

司马牛问仁。子曰：“仁者，其言也讱。”曰：“其言也讱，斯谓之仁已乎？”子曰：“为之难，言之得无讱乎？”

樊迟问仁。子曰：“爱人。”问知。子曰：“知人。”樊迟未达。子曰：“举直错诸枉，能使枉者直。”樊迟退，见子夏，曰：“乡也吾见于夫子而问知，子曰：‘举直错诸枉，能使枉者直’，何谓也？”子夏曰：“富哉言乎！舜有天下，选于众，举皋陶，不仁者远矣。汤有天下，选于众，举伊尹，不仁者远矣。”

——选自《论语·颜渊》

子罕言利与命与仁。

——选自《论语·子罕》

子曰：“我未见好仁者，恶不仁者。好仁者，无以尚之；恶不仁者，其为仁矣，不使不仁者加乎其身。有能一日用其力于仁矣乎？我未见力不足者。盖有之矣，我未之见也。”

——选自《论语·里仁》

孟武伯问：“子路仁乎？”子曰：“不知也。”又问。子曰：“由也，千乘之国，可使治其赋也，不知其仁也。”“求也何如？”子曰：“求也，千室之邑、百乘之家，可使为之宰也，不知其仁也。”“赤也何如？”子曰：“赤也，束带立于朝，可使与宾客言也，不知其仁也。”

——选自《论语·公冶长》

材料 2

子张问仁于孔子，孔子曰：“能行五者于天下，为仁矣。”请问之，曰：“恭、宽、信、敏、惠。恭则不侮，宽则得众，信则人任焉，敏则有功，惠则足以使人。”

——选自《论语·阳货》

材料 3

那么，这个宗教、神、上帝、宗教意识，我们由此可以看出来它有一个根本的根基，就是个体意识。西方文化的神不是哪个强加给它的，而是西方文化的个体意识对自己的自由、对自己的个体不断地探讨、不断地超升而必然得出来的。这个中间的关系很多人都没有看出来，就是西方人为什么有自己的信仰，有自己的宗教信仰，有上帝的爱，是不是可以把西方的上帝引进中国来，用基督教来救中国，使人人都具有爱心？这个想法当然好，但是他们没有看出，西方人之所以有宗教精神，之所以有超越精神，首先是个体的独立，首先是个体意识的形成，首先是自我意识的建立。从一个旁人的眼光、从另外一个自我的眼光来看自己，这就叫自我意识。但是你要把这个旁人当作自我，又需要一个旁人，一个更高的自我，这样不断往上追溯，最后就推出一个绝对的旁人，一个绝对的自我，那就是上帝的眼光。所以西方人的上帝意识其实就是自我意识本身结构的展开，是自我意识的一个结果。所以你想横向地把西方的上帝移植到中国来，是不是能够向中国人灌输西方的宗教意识，西方的上帝之爱，但是这么多年来没有什么效果。大家觉得好奇，觉得西方人都是唯心主义者，西方人信上帝，但是我信不了，为什么中国人信不了？没这个必要。为什么没有必要？因为中国人不太认识自己，不太思考自己，不太从一个旁观者的眼光来看自己。当然中国人讲“仁学”、讲“关系学”，也可以说是从旁人的眼光来看自己，但是这个自己被融化掉了，被融化在关系中了。所以这种眼光没有一种无穷后退，而是在有限性中一次性地就完成了。中国的人与人的关系不是一种“主体间”的关系，而是一种实的关系，没有任何个人余地，没有任何个人的隐私，没有任何个人的要求，那么这种人就叫作实心实意了，所谓实心实意就是你已经把你自己塞满了，没有任何余地可以装你自己个人的东西。那么西方的上帝之所以产生，就在于西方人的自我意识它是一个张力结构，是一个空灵的结构，我和他、我和你不是一个东西，但是我们能够互相理解，为什么能够理解？是因为有上帝。我不是上帝，你也不是上帝，但是有上帝，我们就能互相理解。这是一个主体间的空灵的结构，它不是完全充实的。

由此西方的道德意识也就形成起来了。西方道德意识一个是自由意志。有了自由意志西方人就有了道德性。但是这个自由意志刚才讲了，它的最高体现就是上帝的自由意志，人的自由意志只不过是对上帝的自由意志的模仿。所以有了上帝的自由意志，西方的道德意识也就形成了。所以我们要了解西方的道德，我们首先就要了解西方的白由意志，西方的道德是建立在自由意志之上的。

——邓晓芒《中西文化比较十一讲》[①]

思想道德关键词	表现形式	内涵特质
仁		
上帝		

① 邓晓芒．中西文化比较十一讲［M］．长沙：湖南教育出版社，2007：58、59.

活动2：每年的9月28日，我国一些城市或学校会举办“孔子诞辰日”纪念大会。假如会议方邀请你作为一名高中生代表参加会议并作主题发言，请结合《维系着私人的道德》一章的学习，拟定一个发言的主题并作简要的说明。

发言主题：______________________________

____

____

主要理由：______________________________

____

____

任务三：评述社会中的“私人道德”关系。

活动1：费孝通指出生活中隐讳贪污的现象，对待别人贪污、对待父亲贪污、对待自己贪污态度不一，结合本章内容及现实生活，分析其原因。

活动2：阅读下列材料，从“差序格局”社会结构中私人道德的角度，通过《三国演义》中“华容道义释曹操”的行为，对关羽的品德进行评价。要求：（1）观点明确；（2）有充分的证据；（3）逻辑合理。

材料：

由忠而孝，由孝而愈忠，《三国演义》中花了大量笔墨，在关羽身上集中体现了这种理想的人格典型，后人把关云长神化为“三界伏魔大帝神成远震天尊关圣帝君”，又称他为“盖天古佛”。人们之所以特别推崇他，显然主要不是因为他的武艺和神威（这方面他不如吕布），而是因为他的道德人品。

第二十五回写关云长与刘、张二人失散后身陷重围，欲以一死而保全忠义，曹操派关的旧友张辽来劝他投降，说他这样死法犯了三条罪名：当初刘使君与兄结义之时，誓同生死；今使君方败，而兄即战死，倘使君复出，欲求兄相助，而不可复得，岂不负当年之盟誓乎？其罪一也。刘使君以家眷托付于兄，兄今战死，二夫人无所依赖，负却使君依托之重，其罪二也。兄武艺超群，兼通经史，不思共使君匡扶汉室，徒欲赴汤蹈火，以成匹夫之勇，安得为义？其罪三也。三条罪名，总括起来无非是不忠不孝。就这一顶大帽子，便使关云长一条血性汉子一下子软了下来，走上了一条“曲线救国”的道路。于是有“降汉不降曹”和“身在曹营心在汉”一说，关公曾自述：“我与玄德，是朋友而兄弟、兄弟而主臣者也。”可见其言不虚。

不过，天公也有主次不分、颠倒迷误的时候。所谓“华容道义释曹操”，就因为念及当年受曹操的许多好处和礼遇，而放走了刘备的死对头，失去了彻底击破曹魏的绝好机会，按说，这一“不忠不孝”之举理应使关公蒙上一层耻辱的阴影。可奇怪的是，他不仅没有因此而降低在人们心目中的评价，反而进一步获得了“义重如山”的美名。

——邓晓芒《人之镜》[①]

六、家族：中国家庭特征分析

在现代社会，人们提起“家”的概念时，大多指的是自己的小家庭，城市的居住格局基本上以家庭为单位。但费孝通先生提出：“农村中的基本社会群体就是家，一个扩大的家庭。”所以比较恰当的应该称中国乡土社会基本社群作“小家族”，[②] 也就是说乡土中国社会是把家族作为基本社群单位。

那么“家庭”和“家族”有什么区别呢？费孝通先生通过比较西方家庭和中国乡土社会家族在结构和功能上的差异为我们做了解答。家庭这个社群是暂时性的，西方社会的家庭大多如此。而乡土中国的家族从结构上包括家庭，它是由许多个家庭所组成的，乡土中国的“家”通常是父亲一系的“大家”，不但承担了生育的基本功能，而且可以承担政治、经济、宗教等社会功能。而在西方社会，政治、经济、宗教等功能是由单独的社会团体承担的，因此西方的家庭以夫妻间的感情维系，乡土中国的“家族”则以家法和纪律维系。以纪律维系家庭，反过来又影响了感情定向，造成了“男女有别”的现象。并且家族作为事业社群，不是横向（夫妻）发展，而是纵向（父子）延续。另一方面，乡土中国中的“家”既是“亲亲”血缘关系的小家，也是指宗族。所以家族内部按照血缘辈分划分等级，辈分等级的高低在大多数场合就意味着权势的多寡和威望的高低，形成了一个等级森严、长幼有序的纵向权力控制体系。

但是，我们必须注意，随着现代化和城市化的推进，中国乡土社会也逐渐转变为“后

① 邓晓芒．人之镜——中西文学形象中的人格结构［M］．昆明：云南人民出版社，1996：16.

② 费孝通．乡土中国［M］．北京：三联书店，1985.

乡土社会”，家族的长期性、稳定性和封闭性都遭到不同程度的破坏，后乡土社会中的家族无论是在外部表现形式还是内部结构功能上都发生了时代性的变化。显然，这会给我们理解本书的“家族”带来一些困难。但是，在当代社会，我们仍然重视家庭与血缘关系，重视人与人之间的合作与联系，和合有道、崇文重教、孝悌传家，这些文化精神与传统从家传里得到继承和发扬。

因此，阅读本章内容，我们应当要解决的问题有：

1. 为什么费孝通先生把乡土社会的家称为“小家族”而非“家庭”？两者有何区别？

2. 与“团体格局”下的西方家庭相比，乡土社会“差序格局”下的家族具有哪些特点？

3. 现代“后乡土社会”背景之下，家族发生了什么变化？我们应该怎样理解和看待家族在现代社会的意义？

这些问题正是学生阅读理解本章内容的关键所在，并且应该在积累相关阅读经验的同时，能够结合现实生活进行思考。因此，我们的任务关键词可以拟定为：小家族、家族的特点、家族在现代社会的变化和意义。

本任务群围绕上述问题，设计了梳理、对比、归纳、延伸四类任务，引导学生理解差序格局下乡土社会中的家族特点并认识其价值。

【学习任务群框架】

乡土社会中的家族

- 任务一：明确“家庭”与“小家族”的区别
- 任务二：对比梳理中西“家”的不同
- 任务三：对比概括乡土社会家族的特点
- 任务四：阅读材料，结合实际，正确看待现代社会家族的变化和意义

【学习活动设计】

任务一：细读《家族》，明确“家庭”与“小家族”的区别。

活动 1：阅读章节内容，圈画作者分别是如何定义“家庭”和“小家族”的，并摘抄到下列空白横线处，据此总结两者的区别。

家庭：____

____

小家族：______________________________

____

____

【学习建议】

鼓励学生细读文章内容，圈点勾画筛选信息，准确理解相近的概念。

任务二：对比梳理，概括家族的特点。

活动 1：对照西方家庭的结构和功能特点，填写表格内容：

西方家庭	乡土社会的家族
基于团体格局，团体界限明显	
主要承担生儿育女的功能	
夫妻感情是维系家庭的主要力量	
短暂的“生活堡垒”	

活动 2：下列材料是一些常见的家族观念和习俗，说说它们分别体现了乡土社会家族的什么特点。

（1）传男不传女

（2）食不言，寝不语

（3）中秋团圆、年夜饭

（4）父为尊，母为次

（5）不孝有三，无后为大

（6）三纲五常，三从四德

____

____

____

【学习建议】

活动 1：考查学生的对比分析和概括总结能力，作者运用对比论证的方法清晰地概述了中西家庭的不同特点，利用这样的行文思路设计活动也有助于学生查找信息和概括特点。

活动2：学生经过对比之后，对家族特点的理解还停留在概念层面，而结合一些耳熟能详的家族观念或习俗有利于帮助学生更加具体充分地理解和掌握家族的特点。

任务三：对比分析，结合材料和实际，正确看待现代社会家族的变化和意义。

活动1：对比“任务一”中概括总结的乡土社会家族的主要特点，阅读下列材料并结合现实生活，说说现代社会中的家族发生了哪些变化。

材料1

后乡土社会（经历现代社会转型与变迁之后形成）打破了乡土社会近似封闭、固化的生存状态，逐渐把农村独享的“私”的价值观念纳入到现代性的开放体系中。一方面是农民脱离乡土性，半乡土性、去乡土化成为当前农村的趋势，虽然仍然保留着农民的身份特征，但是身份认同日益淡化，出现认同混乱；二是现代性的价值观迅速侵入传统的伦理秩序，冲击了原有封闭的价值体系。

——《后乡土中国》①

材料2

东林，现在已年逾古稀，依然扛起了锄头，再次像年轻时一样劳作。围在他身边的是他的孙儿，现在正看着他，学习农耕的技术，这是首要的、也是最持久的生计之源。一架飞机从他们头顶飞过，孙辈们抬头仰望着充满敌意的天空，但老人却平静地对他们说：“孩子们，你们忘记把种子埋进土壤里了！”

——《金翼：一个中国家族的史记》②

活动2：自主讨论，分享交流。家族观念深深植根于中国人的头脑中，直到今天，它仍深刻影响着中国人的价值取向和行为方式，深刻影响着当代中国的各个方面。阅读下列材料并结合现实生活，自主讨论家族在现代社会的正面影响和负面影响，说说我们应该如何正确看待现代社会中的家族。

材料1

乡土中国保留至今的祠堂、家谱，承载着祖先留给我们的文化精神，它本身也是宝贵的文化遗产和文化资源，在每一座几经修补的宗祠、每一本泛黄的家谱上都留下了无法

① 陆益龙．后乡土中国［M］．上海：商务印书馆，2017.
② 林耀华．金翼：一个中国家族的史记［M］．北京：三联书店，2015.

抹去的时光印记，在乡土中国，它们仍然被小心地珍藏和保护着，而且已经成为一种关于传统文化的符号，时刻提示着后来的人们感念先辈恩德，重视血脉亲情。

——殷名伟《从家族乡土小说看祠堂的基本功能》[1]

材料 2

家族的公共活动主要是共同的祭祀活动、集体庆典活动，以及家族内的一些组织活动等。乡土社会的宗族与家族活动实际上以祖先崇拜与信仰活动为中心，通过祭祀共同祖先的信仰活动，人们建构起共同的文化象征体系。围绕着这个象征体系，也形成了丰富多彩的民间信仰与习俗文化，如在保存和修订族谱、祭祀活动过程中组织的各种各样的文化活动，既构成了民间社会记忆的重要方式，也是乡土文化创造的重要动力和源泉。

族谱家训既是族人之间血缘宗亲的纽带，又是族人们互相遵守的行为规范和道德约束，不仅要求族人们和宗睦族，还强调族人应与同居一地的其他宗族合群同力，共同维护地方安定与繁荣。家族成员在长年累月的社会生产与社会生活中所形成的互助合作的观念使成员之间有着密切的联系和相互依恋，他们通过修谱祭祖、修建祠堂、婚丧嫁娶等一系列的家族活动和形式，唤起广大族民对家族的依赖、归属和认同。

——陆益龙《后乡土中国的家族力量及其影响的文化取向》

材料 3

家族观念的负面影响一方面表现为家族势力的不良影响，另一方面是家族制度阻碍了社会的发展。在中国的有些农村，家族精英介入村政，大大减弱了以法理为基础的基层组织的权利权威，有的甚至目无法纪，以宗族法取代国法，影响了农村的政治走向、民主化进程及其政治文明建设。另外，家族制度的一些陈腐观念，如：早生多育、多子多福、包办婚姻、盲目排外、帮派观念等，严重阻碍了当地的发展以及社会的现代化进程。

——李宁宁　高韶晗《论中国人的家族观念》

____

____

____

____

① 殷名伟．从家族乡土小说看祠堂的基本功能［J］．大众文艺，2018，(06)．

【学习建议】

活动1：中国乡土社会不是一成不变的，而是随着现代社会的发展而变迁。学生在阅读时不免会联系当下，联系实际，而书中的乡土社会的家族与现实社会中的家族情况并不完全相符，这就需要我们提供材料和支架，引导学生理解家族也是随着社会变迁而变化的。

活动2：中国人都深受家族观念的影响，其中既有正面的积极作用，也存在一定的局限性，所以如何正确看待家族在当代社会的意义是非常值得思考的。而学生阅读经验和生活经验有限，我们便提供材料帮助学生站在历史与现实的角度去理解家族的意义；同时组织学生自主讨论之后交流分享自己的观点。

七、男女有别：社会稳定的压舱石

《乡土中国》这本书的前五章，主要是论述了中国乡土社会的特征以及乡土社会中的人际关系、道德体系。在前五章的论述中，作者是从宏观视角——"社会"来介绍乡土社会的。在第六章《家族》、第七章《男女关系》这两个章节中，作者转换视角，从"社会"角度，转向"家族"角度。

作者认为乡土社会的基本社群是"家族"，其功能不只是生育，还赋有政治、经济、宗教等复杂的功能，所以家族是个连绵延续的事业社群，同时家族也是父系结构，是父子相承的单系结构。在介绍了"家族"的这些特点的基础上，作者又认为在"家族"这个大家庭中，男女是有分别的，原因是"把生育之外的许多功能拉入了这个社群中去之后所引起的结果"。这里的"男女有别"既是一种现象，也是一个命题和判断。为了对中国乡土社会"男女是有别的"这一命题展开论述，作者在《男女关系》这一章里提出了三个概念：社会学概念"情感定向"和文化模式概念"亚普罗式""浮士德式"。在本章中作者的论述以这三个概念为基础，在两种文化观的对比中，提出并论述本章的中心论点：乡土社会与现代社会情感定向的差别是"乡土社会是亚普罗式的，现代社会是浮士德式的"。作者从这一观点出发，通过层层递进的逻辑关系，得出了"乡土社会是个男女有别的社会，也是个安稳的社会"这一结论：首先，作者指出乡土社会里"靠亲密和长期共同生活来配合各个人的相互行为"是"长成的、熟悉的"的社会；其次，阐明了男女性别的鸿沟阻碍了人们之间的"充分了解"；最后，由于乡土社会所追求的是稳定，因此，在乡土社会中，男女之间的关系是一种安排，"那就是男女有别的原则"。

阅读这一章，学生需要跨越三个障碍：1. 正确理解三个学术概念："情感定向""亚普罗式""浮士德式"；2. 理清作者论证"乡土社会是个男女有别的社会"这一命题的逻辑推理的过程；3. 通过对比，揭示出乡土社会与现代社会存在的差异及其原因。因此，本章的学习任务，要围绕上述问题，抓住关键词句，理解作者的观点和论证的逻辑，并在此基础上，探究当今"男女有别"的社会现象，并有自己的思考。

基于以上分析，这一章我们设置了四个学习任务：1. 搜索阅读，了解男女有别的表现；2. 提取信息，探究男女有别的原因；3. 整合信息，理清男女有别论述的过程；4. 联系现实生活，透视男女有别现象。以上四个学习任务循着学生已有的阅读经验，逐步走进文本，理解作者的观点和论述的逻辑，之后，跳出文本，进行挑战阅读，深化对"男女有别"社会现象的理解，并有自己的思考。

【学习任务群框架】

- 任务：理解乡土社会男女有别
  - 任务一：了解男女有别的表现
    - 活动1：研读文本，概括乡土社会中的男女有别表现在哪些方面
  - 任务二：探究男女有别产生的原因
    - 活动1：明确"感情""感情定向"的含义
    - 活动2：结合材料，分析激情对社会关系的作用
    - 活动3：理解"亚普罗式""浮士德式"概念，并完成表格
    - 活动4：思考"中国的乡土社会为何是男女有别社会，也是安稳的社会"这句话在全文的作用，并分条列举
    - 活动5：对列举的感情定向偏同性方面发展的例子，任选几条点评
  - 任务三：梳理男女有别的论述过程
    - 活动1：画思维导图，理解男女有别的含义
    - 活动2：阅读材料，分析中国社会的男女有别表现在哪些方面
  - 任务四：透视男女有别的现象
    - 活动1：是否还有男女有别的现象，并列举
    - 活动2：如何看待"女汉子"现象，并阐述观点

【学习活动设计】

任务一：了解男女有别的表现。

活动 1：阅读《男女有别》这一章节，概括乡土社会中的男女有别表现在哪些方面。

【学习建议】

本活动难度不大，学生可在自读 2—3 遍后找到关键句，概括出答案。设置本活动的目

的是让学生发现乡土社会中男女有别关系在生活上和心理上产生的隔离，让学生发现这样的关系有些不正常，从而激起学生寻找这种关系产生的原因的兴趣。

活动 2：阅读《男女有别》这一章节，明确“感情”“感情定向”概念的具体内涵。

（1）填空，给“感情”下定义：

① ________，是一种体内的行为，导发外表的行为。

② 社会学方面，________________________。

（2）用一句话概括“感情定向”的含义：

____

活动 3：阅读《男女有别》章节，解释“亚普罗式”“浮士德式”的概念及表现形式，并完成表格。

文化模式	内涵	表现形式
亚普罗式		
浮士德式		

【学习建议】

以上三个学习活动，可以让学生在自主阅读的基础上，把阅读的目光聚集到核心学术概念上，指导学生联系上下文语境，提取关键词句，用自己的话对这三个学术概念的内涵进行界定。

任务二：探究男女有别产生的原因。

活动 1：阅读材料，并结合文章内容，分析感情（激情）对社会关系的作用。

材料：

美狄亚，在希腊神话中，她是科奇斯岛会施法术的公主，也是日神赫利俄斯的后裔。她与来到岛上寻找金羊毛的伊阿宋王子一见钟情。

为了帮助伊阿宋取得金羊毛，美狄亚用自己的法术帮助伊阿宋完成了他父亲定下的不可能完成的任务，条件是伊阿宋要和她结婚。取得金羊毛后，美狄亚和伊阿宋一起踏上返回希腊的旅程。美狄亚的父亲听到她逃走的消息，派她的弟弟前往追回她。美狄亚杀死了自己的弟弟，并将弟弟的尸体切开，分割成碎段，抛在山上各处，让父亲和追赶的差役忙于收尸，以此拖延时间和伊阿宋一行人离开。

伊阿宋回国后，美狄亚用计杀死了篡夺王位的伊阿宋的叔叔。伊阿宋取回王位，但也开始忌惮美狄亚的法术和残酷。后来伊阿宋移情别恋，美狄亚由爱生恨，将自己亲生的两名稚子杀害，同时也用下了毒的衣服杀死了伊阿宋的新欢。最后，美狄亚逃离伊阿宋的身边，伊阿宋也抑郁而亡。

分析感情（激情）对社会关系的作用：________________

活动 2：联系全文，在小组合作讨论的基础上，探讨“中国的乡土社会是男女有别的社会，也是安稳的社会”这句话在全文中的作用，并分条列举出来。

【学习建议】

“活动 2”目的是理解本章节的重点、难点。主要是训练学生阅读科学论著时应掌握的阅读方法：一能抓住关键句，二能了解关键句在内容、结构、语言表达等方面的作用。

活动 3：男女有别的界限，使中国传统感情定向偏于向同性方面发展，请根据下表中列举的现象，任选一条或几条，进行点评。

例子	点评
张飞误酒，导致刘备妻子被掳。刘备安慰张飞：“兄弟如手足，妻子如衣服。衣服破，尚可缝；手足断，安可续？”	
结拜兄弟的誓词：“不求同年同月同日生，但求同年同月同日死。”	
冯小青式的自恋	
细看唐诗、宋词，会发现古人写给朋友的诗很多，写给妻子的诗却少；且写给朋友的诗不少在文字间流露的情感甚至超过对妻儿的感情。（注意，是写给妻子的诗，写给其他女性的不算。）如：元稹《得乐天书》、杜甫《与李十二白同寻范十隐居》、朱熹《次韵雪后书事二首（其一）》……	
……	

补充材料：

冯小青，名元元，字小青，明代扬州人。少时随母学习，精于诸艺，且秀丽过人。十六岁嫁杭州人冯生为妾，但为霸道的冯妻所嫉妒，被幽禁于孤山。从此，小青心灰意冷，顾影自怜，借诗排忧，凄怨成疾，命画师画像自奠而卒，年十八。死后葬于孤山北麓玛瑙坡。《红楼梦》引小青诗：“瘦影自临春水照，卿需怜我我怜卿。”有人认为黛玉形象实以小青为原型。

任务三：探究乡土社会的“男女有别”。

活动1：男女有别，首先是性别上的差异，但是在乡土社会，“男女有别”有特殊的含义，请参考下面的思维导图，写一段说明性文字，阐述清楚乡土社会“男女有别”的含义及其产生的原因。

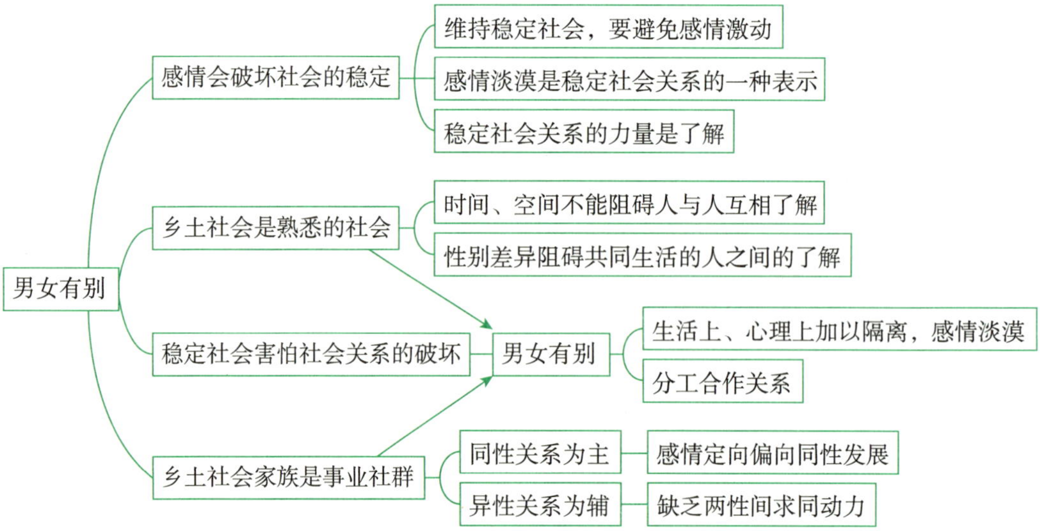

活动2：阅读下列材料，具体说说中国乡土社会的男女有别表现在哪些方面。

材料1

《诗经·小雅·斯干》说：“乃生男子，载寝之床，载衣之裳，载弄之璋……室家君王；乃生女子，载寝之地，载衣之裼，载弄之瓦。”朱熹在《诗集传》中解释说：（生男子）“寝之于床，尊之也；衣之以裳，服之盛也；弄之以璋，尚其德也。言男子生于是室者，皆将服朱芾煌煌然，有室有家，为君为王矣”；（生女子）“寝之于地，卑之也；衣之以锡（裼），即其用而加也；弄之以瓦，习其所有事也”。

材料2

（1）《红楼梦》第3回，写荣府的正室："一条大甬路，直接出大门的。进入堂屋中，抬头迎面先看见一个赤金九龙青地大匾，匾上写着斗大的三个大字，是'荣禧堂'。""原来王夫人时常居坐宴息，亦不在这正室，只在这正室东边的三间耳房内。"荣府的正室，是贾政待客的地方，而作为女主人，王夫人绝少在这里出现。

（2）《红楼梦》第48回，写薛蟠远行：薛姨妈命人请了张德辉来，在书房中命薛蟠款待酒饭，自己在后廊下，隔着窗子，向里千言万语嘱托张德辉照管薛蟠。张德辉满口应承，吃过饭告辞……

（3）《周易·家人·彖辞》说："女正位于内，男正位于外。"《内则》说："礼，始于谨夫妇，为宫室，辨内外。男子居外，女子居内……男不入，女不出""七年，男女不同席，不共食""外内不共井，不共浴。不通寝席，不通乞假。男女不通衣裳"。《坊记》说："礼，非祭，男女不交爵。"

材料3

（1）《管子》："妇人言事，则赏罚不信""主德不立，则妇人能食其意；国无常法，则大臣敢侵其势。大臣假于女之能，以规主情；妇人嬖宠，假于男之知，以援外权。于是乎外夫人而危太子，兵乱内作，以召外寇。此危君之征也""妇言不及宫中之事"。

（2）周礼强调"妇无公事""牝鸡无晨""妇言无用"。

材料4

（1）三纲：君为臣纲，父为子纲，夫为妻纲。三从：妇女未嫁从父、出嫁从夫、夫死从子。

（2）《后汉书·梁鸿列传》：梁鸿字伯鸾，扶风平陵人……势家慕其高节，多欲女之，鸿并绝不娶。同县孟氏有女，状肥丑而黑，力举石臼，择对不嫁，至年三十。父母问其故，女曰："欲得贤如梁伯鸾者。"鸿闻而聘之。女求作布衣、麻屦，织作筐缉绩之具。及嫁，始以装饰入门，七日而鸿不答。妻乃跪床下，请曰："窃闻夫子高义，简斥数妇。妾亦偃蹇数夫矣，今而见择，敢不请罪。"鸿曰："吾欲裘褐之人，可与俱隐深山者尔，今乃衣绮缟，傅粉墨，岂鸿所愿哉！"妻曰："以观夫子之志耳。妾自有隐居之服。"乃更为椎髻，著布衣，操作而前。鸿大喜曰："此真梁鸿妻也，能奉我矣。"字之曰德耀，名孟光。……适吴，依大家皋伯通，居庑下，为人赁舂。每归，妻为具食，不敢于鸿前仰视，举案齐眉。

【学习建议】

男女有别，不仅存在于中国的乡土社会，更存在于中国几千年的文明发展历程中。《礼记·效特性》："男女有别，然后父子亲；父子亲，然后义生；义生，然后礼作；礼作，然后万物安。"大概的意思就是：男女有别，然后才有父子之亲；父子相亲，然后才有君臣之义；君臣有义，然后才有了礼；有了礼，万物才会各得其所，天下太平。因此，男女有别是稳定社会的压舱石。本活动的开展一方面能让学生更清晰地把握文章的思路，对文章有一个更深入的理解；另一方面将"男女有别"这一概念，从乡土社会转向中国社会，认识其普遍的现实意义，使学生能更好理解这一概念。

任务四：透视男女有别现象。

活动1：在现在提倡男女平等的时代，是否还有男女有别的现象？请举例并作简要点评。

例子	点评
各地农村结婚时的天价彩礼	

活动2：传统社会的男女有别，本质就是男尊女卑，女性多是柔弱的，服从的。但随着"女汉子"这一词汇在社会上的不断使用和风行，各种所谓的"女汉子"类型也相继出现，如影视剧中言行粗鲁的"野蛮女友"、社交网站上兼具甜美面孔和发达肌肉的"金刚芭比"，以及各种新闻事件中撒泼打滚、打架斗殴的"泼妇"等。将这些与传统女性形象差异较大的女性个体贴上"女汉子"的标签，无疑是对男女性别角色的错置和反讽，也是对"女汉子"的污名化或者丑化。如何看待"女汉子"现象？请在阅读下面材料的基础上，写一篇不少于500字的文章，谈谈你对"女汉子"的看法。

在从传统走向现代的过程中，中国社会形态发生了翻天覆地的变化：经济的市场化、政治的民主化和文化的多样化已经成为整个社会的主流发展方向。而性别意识和性别文化在这种剧烈的变动过程中也呈现出两极化的发展趋势：一方面是整个社会在逐渐摆脱传统社会中某些性别文化观念，如男女有别、传宗接代、养儿防老等，另一方面则是部分人或以复兴传统文化之名鼓吹"女德"等封建糟粕，或以实现真正男女平等为幌子鼓吹西方的“性解放”“性自由”。

在这种两极化的性别文化氛围中，“女汉子”一词从过去的“女强人”“男人婆”中脱颖而出，成为一种风靡社会的女性称谓。作为一种话语符号，“女汉子”无疑是对传统“男女有别”意识形态的一种叛逆和挑战，体现出随着时代发展而产生的打破男女气质界限的现实需要。但同时，我们也会发现这一词汇所代表的女性形象也出现了差异化的认知。早期的“女汉子”一词用以形容性格坚强的女性，这与她们的外在形象无关，强调的是具有较强的自我意识，能够独自承受和克服各种困难，从而达成自己的意愿的女性形象。

但随着这一词汇在社会上的不断使用和风行，出现各种所谓的“女汉子”类型，如影视剧中言行粗鲁的“野蛮女友”、社交网站上兼具甜美面孔和发达肌肉的“金刚芭比”，以及各种新闻事件中撒泼打滚、打架斗殴的“泼妇”等。将这些与传统女性形象差异较大的女性个体都贴上“女汉子”的标签，无疑是对男女性别角色的错置和反讽，也是对“女汉子”的污名化或者丑化。

当今世界都在倡导男女平等，但这种平等不是指要完全否定男女的生理差别或者发动两性的战争，而是要改变传统的男女不平等思想和女性社会地位弱势的状况，从而实现两性在社会生活中的实际平等和共同发展。那些通过简单模仿男性外在特征或者行为习惯而标榜成的“女汉子”，恰恰是在对男权文化进行认同和屈服，这种以男性气质建构的女性形象也无助于真正实现男女社会地位平等。所以，如何正确看待“女汉子”所具有的精神特质和行为特征是研究性别文化，特别是中国社会女性文化的一个重要命题。

——孙晶《传统性别文化镜像下的现代女性形象分析》[1]

写作建议：

一方面要明确女汉子的含义：自立、自强、自主的女性形象，即女性经济独立，自我内心、生活上强大，有主见。这样的“女汉子”是对传统“男女有别”观念的挑战，打破了男女有别的界定，是积极的。一方面也要明确当前的“女汉子”有时成为贬义词，似乎和“泼妇”“男人婆”画上等号，女性似乎在刻意模仿男性，从心理上说，这是对男性文化的屈服、认同。什么是“男女有别”呢？除了生理上的差异，更多的是费老所说的“男女间不必求同，在生活上加以隔离，同时心理上也加以隔离”。今天早已不再是过去的那个乡

① 孙晶．传统性别文化镜像下的现代女性形象分析［J］．黑河学刊，2020（01）．

土社会，我们追求的是“男女平等”，“女汉子”也不应是一种对女性的差别用语，而是女性在承认女性角色、欣赏女性形象基础上的“自立、自主、自强”的象征，是新时代女性形象的靓丽风景。

八、礼治秩序：人治与法治之间

“礼治”是典型的“中国传统话语”，随着“礼”这一概念本身的发展变化，其内涵也在不断发生变化。如果说费孝通先生的《乡土中国》前半部分是对中国乡土社会“差序格局”的阐述，那么后半部分就始终贯穿着“礼治秩序”了。

《礼治秩序》一章，开篇便提到“人治”与“法治”的差异，谈到两者之间存在的共同的人的因素，并由此以“礼治”和“法治”统筹全书后半部分。

所谓“人治”，若单纯取其字面意思，便是凭借执权者自我好恶来规范人与人之间关系的方式，因无法预测执权者好恶规律，可以想象其规范所造成的社会混乱。所谓“礼治”则是对传统规则的服膺，是一种以礼仪制度和道德准则来进行统治的方式，是社会公认的合适的行为准则；所谓法治，并不是说法律本身能统治，能维持社会秩序，而是说社会上人和人之间的关系是根据法律来维持的。在法治社会，法律是处理人与人之间关系的准绳，一切纠纷矛盾都要按照法律的标准进行裁决。

简言之，礼治指人与人之间的关系是以礼为依据，社会的运行靠礼来引导和推动。而人则是法治或礼治中都不可或缺的因素，因为法治和礼治都是由人来执行的。法治是“人依法而治”，礼治是“人依礼而治”。而人治与法治的差异也并非是人与法这两个字，而是在维持秩序时所用的力量和所根据的规范的性质。

近年来，中国一直把“法治社会”当作社会发展的目标之一。在学习了费孝通的《乡土中国》中的《礼治秩序》之后，或许会引发我们对这些问题的更深刻的思考，会给我们更多的启示。对比乡土社会和现代社会，人治、礼治、法治三者的关系，思考如下问题：

- 人治、礼治和法治之间的差异具体表现在哪里？三者之间又有何联系？
- 礼在乡土社会和现代社会的现实意义各是什么？
- 当前我国正处于建设法治社会的伟大进程当中，如何将法治与礼治进行有机融合？

这三个问题恰恰是我们阅读本章及之后章节会碰到的“任务关键点”。若能够在这个关键点上有所突破，那么不仅对于我们全面了解中国乡土社会的社会特点和礼治秩序的发展脉络有着重要意义，还能帮助我们进入到作者是“怎么层层抽丝剥茧深度探析”这一层面，真正积累阅读学术著作的经验。

本任务群围绕“理解乡土中国的礼治秩序”这一问题，从梳理、分析、对比、延伸和思考等五个方面建立了五类任务，在此基础上，补充相关文献资料，构建章节知识框架，对礼治秩序进行更深入的探究，帮助同学们通过阅读和讨论进一步了解乡土中国中礼治秩序的具体内涵，从而得到对中国乡土社会传统文化和社会治理结构的清楚认知，积累并掌握学术类著作的阅读经验，培养和提高语文核心素养，拓展文化视野。

在完成这些任务的过程中，同学们在“礼治秩序”这一关键词上将会投入更多的精力进行深度思考。在文章中，作者一些关于“礼治秩序”的论述点到即止，并未详细展开。只有在全面了解“人治”“礼治”和“法治”三者之间的内在区别与联系的基础上，再去对该章节进行通篇阅读，才能更好地领会文章的内涵和作者的真正意图。

【学习任务群框架】

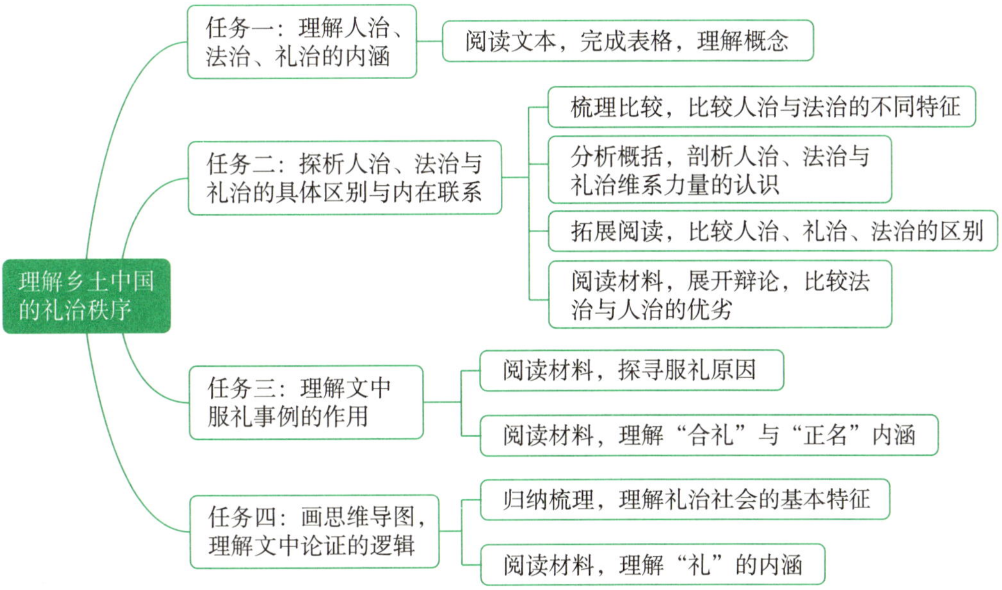

【学习活动设计】

任务一：理解人治、法治、礼治的内涵。

活动 1：阅读《礼治秩序》这一章节，按照表格内容找寻相关信息，了解“人治”“法治”“礼治”等概念的具体内涵。

项目	人治	法治	礼治
形成			
维持秩序时所依靠的力量			
接受的自主性			
依存的社会			
依存环境的稳定性			

【学习建议】

为避免学生在细读文本时走马观花，让阅读更有针对性，“任务一”设计填写表格这一活动环节，旨在养成学生提炼文句、概括信息的能力，使学生自主且迅速地找寻关键词，理解人治、法治、礼治的概念与具体内涵。本设计意图是让学生沿着作者的论述思路，一窥中国的乡土社会的礼治秩序，具体了解中国乡村社会的面貌，深入地了解中国乡村文化的特性和礼治秩序的基本特征。

任务二：探析人治、法治与礼治的具体区别与内在联系。

活动 1：梳理比较人治、法治与礼治的不同特征。在章节《礼治秩序》中，通过文本梳理，概括填写出人治、法治与礼治的不同特征，并找出相关依据。

人治的特点是____________；法治的特点是____________；而礼治则不同，其具有不同特征：____________。原文依据：____________________________

【学习建议】

“活动 1”的设计意图是鼓励学生细读课文，进行圈点勾画，通过填空的形式直观了解该章节出现的重要概念，准确把握三者之间的具体区别和内在联系，避免混淆人治、法治与礼治的不同特征。

活动 2：分析概括，剖析对人治、法治与礼治维系力量的认识。

要求：

（1）结合文本分析人治与法治在维持秩序时所用的力量和所根据的规范的性质；

（2）学习小组之间相互交流，思考乡土社会中的礼治秩序与现代社会中的法治秩序维持力量的区别。

活动3：请认真阅读“商鞅立信”与“田登放火”两则材料，从人治、礼治、法治的角度试比较两者之间的区别。

材料1

商鞅立信[1]

（商鞅）令既具，未布，恐民之不信已，乃立三丈之木于国都之市南门，募民有能徙置北门者予十金。民怪之，莫敢徙。复曰：“能徙者予五十金。”有一人徙之，辄予五十金，以明不欺。卒下令。

——《史记·商君列传》

材料2

田登放火

田登作郡守，怒人触其名，犯者必笞，于是举州皆谓“灯”为“火”。值上元放灯，吏人书榜揭于市，曰：“本州依例放火三日。”故语云：“只许州官放火，不许百姓点灯。”

——陆游《老学庵笔记》

活动4：阅读以下三则材料，在学习小组组内开展一场辩论会，论题是：“法治”与“人治”的优劣。

材料1

汉高祖“约法三章”

汉元年十月，沛公兵遂先诸侯至霸上。秦王子婴素车白马，系颈以组，封皇玺符节，降轵道旁。诸将或言诛秦王。沛公曰：“始怀王遣我，固以能宽容；且人已服降，又杀之，不祥。”乃以秦王属吏，遂西入咸阳。欲止宫休舍，樊哙、张良谏，乃封秦重宝财物府库，还军霸上。召诸县父老豪桀曰：“父老苦秦苛法久矣，诽谤者族，偶语者弃市。吾与诸侯约，先入关者王之，吾当王关中。与父老约法三章耳：杀人者死，伤人及盗抵罪。余悉除去秦法。诸吏人皆案堵如故。凡吾所以来，为父老除害，非有所侵暴，无恐！且吾所以还军霸上，待诸侯至而定约束耳。”乃使人与秦吏行乡邑，告谕之。秦人大喜，争持牛羊酒食献飨军士。沛公又让不受，曰：“仓粟多，非乏，不欲费人。”人又益喜，唯恐沛公不为秦王。

——《史记·高祖本纪》

① 司马迁，韩兆琦译注．史记［M］．北京：中华书局，2010：160.

材料 2

唐律

唐朝是中国古代历史上最鼎盛的朝代之一，制定法律条文非常完备。唐律曾在中国历史上辉煌一时，也对亚洲国家造成深远的影响，在整个世界上也可以称得上是中华法系的代表之一。但有人认为，唐律是一部完美的刑法，一部完美的行政法，但永远称不上是一部完美的民法。对此你怎么看?

材料 3

清朝师爷

清朝时，中国历史上第一次出现了师爷这种职业法律辩护者，这是法治国家才有的职业，这说明当时社会已经向社会的法治化迈了一大步。师爷的出现表明了两个问题：一是被统治的人民大众争取自由民主的斗争取得了很大的胜利，迫使统治者不得不给予民众一定平等的地位。二是统治者已经意识到光使用国家暴力机关的暴力手段已经不能有效地实施统治了，必须要使用法律手段来解决一些社会矛盾，来稳定社会，从而有必要开始维护法律的尊严。请从法治的角度分析“清朝师爷”产生的原因与意义。

【学习建议】

通过阅读课外材料，把握中国古代社会秩序的发展历程，通过不断的比较探析，认识到人治、礼治与法治在维持秩序时所用的力量和所根据的规范的性质的不同，进而去思考乡土社会中的礼治秩序与现代社会中的法治秩序维持力量的区别。

任务三：理解文中服礼事例的作用。

活动 1：阅读文中事例，在理解服礼的基础上，通过小组合作，回答下列问题：

（1）思考颜渊与曾子服礼的个人原因及社会原因。

（2）思考孔子哭吊与子路问政中的“合礼”与“正名”的含义，说说这两个事例的作用是什么。

材料 1

颜渊问仁

颜渊问仁。子曰：“克己复礼为仁。一日克己复礼，天下归仁焉。为仁由己，而由人乎哉？”颜渊曰：“请问其目。”子曰：“非礼勿视，非礼勿听，非礼勿言，非礼勿动。”颜渊曰："回虽不敏，请事斯语矣。"

——《论语·颜渊》[①]

材料 2

曾子易箦

曾子寝疾，病。乐正子春坐于床下，曾元、曾申坐于足，童子隅坐而执烛。童子曰："华而睆，大夫之箦与？"子春曰："止！"曾子闻之，瞿然曰："呼！"曰："华而睆，大夫之箦与？"曾子曰："然。斯季孙之赐也，我未之能易也。元，起易箦。"曾元曰："夫子之病革矣，不可以变。幸而至于旦，请敬易之。"曾子曰："尔之爱我也不如彼。君子之爱人也以德，细人之爱人也以姑息。吾何求哉？吾得正而毙焉斯已矣。"举扶而易之。反席未安而没。

——《礼记·檀弓上》[②]

材料 3

孔子哭吊

伯高死于卫，赴于孔子，孔子曰："吾恶乎哭诸？兄弟，吾哭诸庙；父之友，吾哭诸庙门之外；师，吾哭诸寝；朋友，吾哭诸寝门之外；所知，吾哭诸野。于野，则已疏；于寝，则已重。夫由赐也见我，吾哭诸赐氏。"遂命子贡为之主，曰："为尔哭也来者，拜之；知伯高而来者，勿拜也。"

——《礼记·檀弓上》[③]

材料 4

子路问政

子路曰："卫君待子而为政，子将奚先？"子曰："必也正名乎！"子路曰："有是哉，子之迂也！奚其正？"子曰："野哉，由也！君子于其所不知，盖阙如也。名不正则言不顺，言不顺则事不成，事不成则礼乐不兴，礼乐不兴则刑罚不中，刑罚不中则民无所措手足。故君子名之必可言也，言之必可行也。君子于其言，无所苟而已矣。"

——《论语·子路》[④]

① 张燕婴译注 . 论语［M］. 北京：中华书局，2007：171.
② 杨天宇 . 礼记译注［M］. 上海：上海古籍出版社，2004：62.
③ 杨天宇 . 礼记译注［M］. 上海：上海古籍出版社，2004：69.
④ 张燕婴译注 . 论语［M］. 北京：中华书局，2007：187.

【学习建议】

通过阅读文本及课外材料，了解四个故事，理解古人遵循的“礼”与“名”，思考其中的个人原因与社会原因，从而理解“服礼”的本质。

任务四：画思维导图，理解论证的逻辑。

活动 1：总结归纳，画出“礼治秩序”这一章节的思维导图，理解乡土社会是礼治的基本特征。

【学习建议】

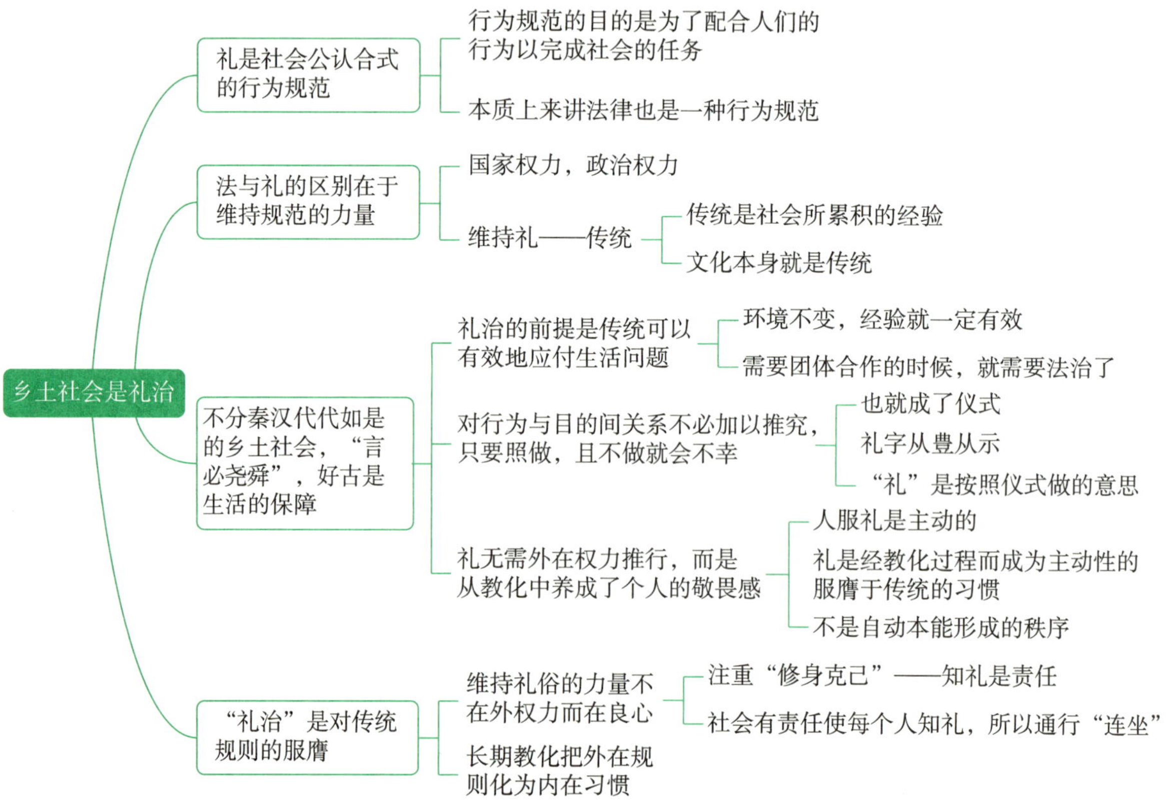

活动 2：小组合作，找寻古代有关礼的经典实例，写一段话，向当代的中学生阐释对古代“礼”的理解和评价，不少于 200 字。

材料 1

仲尼居，曾子侍。子曰：“先王有至德要道，以顺天下。民用和睦，上下无怨。汝知之乎？”曾子避席曰：“参不敏，何足以知之？”

——《孝经·曾子避席》①

材料 2

杨时见程颐于洛。时盖年四十矣。一日见颐，颐偶瞑坐，时与游酢侍立不去。颐既觉，则门外雪深一尺矣。

——选自《宋史》

材料 3

留侯张良者，其先韩人也。……良尝闲从容步游下邳圯上，有一老父，衣褐，至良所，直堕其履圯下，顾谓良曰：“孺子，下取履！”良愕然，欲殴之，为其老，强忍，下取履。父曰：“履我！”良业为取履，因长跪履之。父以足受，笑而去。良殊大惊，随目之。父去里所，复还，曰：“孺子可教矣。后五日平明，与我会此。”良因怪之，跪曰：“诺。”五日平明，良往。父已先在，怒曰：“与老人期，后，何也？”去，曰：“后五日早会。”五日鸡鸣，良往。父又先在，复怒曰：“后，何也？”去，曰：“后五日复早来。”五日，良夜未半往。有顷，父亦来，喜曰：“当如是。”出一编书，曰：“读此则为王者师矣。后十年兴，十三年孺子见我济北，谷城山下黄石即我矣。”遂去，无他言，不复见。旦日视其书，乃《太公兵法》也。良因异之，常习诵读之。

——《史记·留侯世家》

思考题：以上三则材料分别体现出来的“礼”具体指什么？当下，我们要怎样去正确认识它们？

九、无讼：社会和谐的标杆

本章内容紧承接前面一章《礼治秩序》，在“礼”与“法”的对比中透视出乡土社会的传统礼治是怎样向着“无讼”的和谐努力的。学习时要注意，本章的阅读有很强的思辨性，一方面，对“无讼”社会的基石“礼治”的论述始终是在和“法治”的对照中展开的，主动服膺、内化于心的礼的教化，是乡土社会强大的思想传统基因，在解决纠纷辩讼问题上，有着不容小觑的力量；另一方面，要引导学生对于“礼治”本身的利弊进行思辨，在

① 胡平生译注．孝经译注［M］．北京：中华书局，1999：1.

复杂的现实语境中权衡考量。

本章后半部分的阅读，需要认识到在乡土社会蜕变的现代化的过程中，需要法治来规范公平法则，保障社会安全。但“打官司是一件可羞之事”的“无讼”思想仍然坚固地留在民间，现代司法在乡土社会水土不服，产生了特殊的副作用，作者谈到，如何有效地建立起乡间的法治秩序，还需要在社会结构和思想观念上进行改革，这个问题直到今天还要继续追问和探讨。

本章的任务设计重点关注思辨能力的培养：一、通过对比“礼治”和“法治”的概念内涵，明确“礼治”是“无讼”的基石。二、作者论述的展开，涉及复杂的社会语境，因此用了丰富的论证材料来佐证，要学会梳理材料和观点的关系，对“无讼”的利弊进行辨析。三、乡土中国的现代化进程还在继续，“无讼”的意义需要探讨。四、再造和谐社会，“无讼”的内涵需要重构。

【学习任务群框架】

主任务：乡土社会是怎样达到“无讼”的和谐的

- 任务一：对比核心概念，理解“无讼”之因
  - 活动1：对比“礼治”和“法治”，完成表格
  - 活动2：拓展阅读：儒家论礼“无讼”的基石
  - 活动3：拓展阅读：循吏教化“无讼”的构建
  - 活动4：整合总结：礼治是无讼之因
- 任务二：梳理论证材料，辨析“无讼”利弊
  - 活动1：梳理论证材料，理解本章观点
  - 活动2：结合《红楼梦》案例，辨析礼法立场
  - 活动3：阅读鲁迅作品，整合无讼叙事，明确礼的批判
  - 活动4：整合辨析：无讼社会利弊辩
- 任务三：延伸现代语境，探讨“无讼”意义
  - 活动1：依托《平凡的世界》，认识礼俗力量
  - 活动2：思辨评析探讨，礼治是否终结
  - 活动3：整合任务所得，举行班级演讲
- 任务四：重构“无讼”内涵，再造和谐社会
  - 合理解读图片，建设无讼村居

【学习活动设计】

任务一：对比核心概念，理解“无讼”之因。

活动 1：理解“礼治”和“法治”的概念区别，完成表格。

	礼治	法治
适用对象	乡土社会	
态度		外来权力强迫
对象	传统规则（礼）	
方式		听讼（折狱）
目的	以儆效尤，维护社会和谐稳定	保护个人权利和社会安全
执行者		法官

活动 2：阅读以下材料，理解儒家对于“礼治”与“法治”的看法，思考“无讼”社会何以形成。

材料 1

道之以政，齐之以刑，民免而无耻；道之以德，齐之以礼，有耻且格。

——《论语·为政》

材料 2

道德仁义，非礼不成；教训正俗，非礼不备；分争辩讼，非礼不决。

——《礼记·曲礼》

材料 3

治之经，礼与刑，君子以修百姓宁。明德慎罚，国家既治四海平。

——《荀子·成相》

活动 3：根据本章内容，以卓茂为例，理解古代循吏在构建无讼社会中的作用。

人尝有言部亭长受其米肉遗者，茂辟左右问之曰：“亭长为从汝求乎？为汝有事嘱之而受乎？将平居自以恩意遗之乎？”人曰：“往遗之耳。”茂曰：“遗之而受，何故言邪？”人曰：“窃闻贤明之君，使人不畏吏，吏不取人。今我畏吏，是以遗之，吏既卒受，故来言耳。”茂曰：“汝为敝人矣。凡人所以贵于禽兽者，以有仁爱，知相敬事也。今邻里长老尚致馈遗，此乃人道所以相亲，况吏与民乎？吏顾不当乘威力强请求耳。凡人之生，群居杂处，故有经纪礼仪以相交接。汝独不欲修之，宁能高飞远走，不在人间邪？亭长素善吏，岁时遗之，礼也。”人曰：“苟如此，律何故禁之？”茂笑曰：“律设大法，礼顺人情。今我以礼教汝，汝必无怨恶；以律治汝，汝何所措其手足乎？一门之内，小者可论，大者可杀也。且归念之！”于是人纳其训，吏怀其恩。

——《后汉书·卓茂传》

活动4：小组讨论，礼治在构建无讼社会中起着怎样的作用。

【学习建议】

活动1：旨在利用表格工具，从概念层面理清礼治和法治的区别，学生需要从具体概念中对照比较，这是理解乡土社会“无讼”特征的起点。

活动2：梳理几则材料的共同内核，它们都是围绕着“礼”和“法”的关系论述，并且都体现了儒家对礼治教化的重视。儒家认为，“法”作为外来权力的强迫，并不能够让百姓“有耻且格”，即使在解决辩讼的时候，礼对决狱也有着重要作用，荀子国家既治四海平的理想，也是建立在“明德慎罚”基础上的。理解以上要点后，进而归纳：在儒家思想中，礼是基石，法是辅助。

活动3：阅读《后汉书》材料，学生需要关注卓茂处理部亭长受馈遗事件的言行，“辟左右”意味着卓茂一开始就不想把事情放到法律层面解决，而是倾向于教化，卓茂所言之“律设大法，礼顺人情”更是体现了对礼的教化的重视，礼的教化使得本来的诉讼事件成功化解：“人纳其训，吏怀其恩。”但同时也要注意到，这也容易给收受贿赂留下借口。

还可以引导学生拓展开去，阅读《史记》《后汉书》中循吏的事例，了解卓茂这样的治理理念，也是古代循吏所共有的，他们严格实践着儒家“为国以礼”“为政以德”的思想，“莫要词讼”是他们重要的教化内容，“无讼”是他们重要的治理目标。

活动4：小组讨论，整合所得。“无讼”是建立在对礼的主动服膺基础上的，对道德和伦理责任主动承担并且内化于心，对教化的高度重视，使得乡土社会对打官司有着排斥心理——“礼治”是构建“无讼”社会的思想基石。

任务二：梳理论证材料，辨析“无讼”利弊。

活动1：本章论述用了很多论证材料，试着分别分析它们的作用。

论证材料	论证的方法	论证的作用	论证的观点
足球比赛			
某甲抽大烟案			
孔子语录			
殴伤奸夫案			

活动 2：依据本章内容，分析《红楼梦》第六十一回“投鼠忌器宝玉瞒赃 判冤决狱平儿行权”中平儿处理事情的方式和凤姐有什么不同。

王熙凤：“将他娘打四十板子，撵出去，永不许进二门。把五儿打四十板子，立刻给庄子上，或卖了或配人。”

“依我的主意，把太太屋里的丫头都拿来，虽不便擅加拷打，只叫他们垫着磁瓦子跪在太阳地下，茶饭也别给吃。一日不说跪一日，便是铁打的，一日也管招了。又道是‘苍蝇不抱无缝的蛋’，虽然这柳家的没偷，到底有些影儿，人才说他，虽不加贼刑，也革除不用。”

“虽如此说，但宝玉为人不管青红皂白爱兜揽事情。别人再去求求他，他又搁不住人两句好话，给他个炭篓子戴上，什么事他不应承，咱们若信了，将来若大事情也如此，将来如何治人？”

平儿：“不用慌，贼已经有了，现在二奶奶屋里，你问他什么应什么。我心里明知不是他偷的，可怜他害怕都承认。这里宝二爷不过意，要替他认一半。我待要说出来，但只是这做贼的素日又是和我好的一个姊妹，窝主却是平常，里面又伤着一个好人的体面，因此为难，少不得央求宝二爷应了，大家无事。如今反要问你们两个，还是怎样？若从此以后大家小心存体面，这便求宝二爷应了，若不然，我就回了二奶奶，别冤屈了好人。”

活动 3：梳理鲁迅《孔乙已》《狂人日记》《长明灯》《祝福》等作品中的“无讼叙事”①，思考：如将其作为论证材料，可以论证什么观点？

① 汤伟丽《启蒙话语中的“无讼”图景——对一个现代中国文学现象的法律文化阐视》. 山东大学硕士学位论文 .2006 年

活动 4：班级要举行一场“无讼的利与弊”的辩论会，请为这一辩论会准备分论点和论据。

【学习建议】

活动 1：虽然本章运用论证材料较多，论证方法和论证作用却不尽相同，学生需要深入理解，具体分析，如“足球比赛”这一材料运用的是类比论证，每个参加足球比赛的球员熟悉双方同意的规则并遵从规则参加比赛，如同乡土社会的礼治，每个人信服并主动服膺乡土社会公认合式的行为规范，维持礼治的理想状态是每个人自我约束，不需要依赖“裁判员”的外在监督。类比说理将抽象的道理形象化。“某甲抽大烟”案则是事例材料，具体有力地论证了乡土社会的调解即教化的过程，以达到“无讼”的目的。“孔子语录”作为名言材料，有着权威性，以此论证乡土社会“无讼”理想的理论源头。“殴伤奸夫案”则是作为事实材料，论证司法制度在乡间发生了很特殊的副作用，它破坏了原有的礼治和秩序，但并不能有效地建立起法治秩序，从而进一步论证要先在社会结构和思想观念上进行改革，才能推行法治的必要性。

活动 2：在《红楼梦》的文本情境中，王熙凤的行为表现代表了法官的立场，即本章所讲的听讼（折狱），在人赃“俱获”的条件下，毫不留情地处理事件。在案件澄清之后，即使只是有些“影儿”的并没有罪的人，也要革除不用。虽然起到了戒惕的作用，在了解真相的读者看来，未免过于严苛。平儿采取的是“礼”的教化方式，一方面唤醒真正的偷盗者彩云的羞恶之心，杜绝了类似事件的再次发生；另一方面，在法之外，保全了需要保全的人情和颜面，妥善地平息了事端。但同时作者也借王熙凤的话有所反思，如果社会都是人情，也会产生弊病，最后会伤害公正法律的理性。通过这一案例，我们可以理解在复杂的现实社会环境中，往往需要权衡法治和礼治的利弊，才能作出妥善的处理。

活动 3：首先，此活动意在培养学生从阅读材料中提取信息的能力，《狂人日记》里的狂人，《长明灯》里的疯子都因被村人视为危险人物而遭遇私刑；孔乙己最后死于丁举人的私刑拷打，司法力量自始至终没有介入孔乙己的偷窃案；祥林嫂的命运在夫权、族权与神权的撕扯中走向悲剧，遭遇人身买卖也从来不会想到求助于司法。其次，我们可以剖析材料信息中的共同内核：乡土中国的无讼叙事里体现着人对宗族伦理和鬼神信仰的自动服膺，在礼俗制约下以能够应付日常生活为目的，导致了精神的封闭、麻木和落后。最后，明确材料的价值立场：鲁迅笔下的无讼叙事指向的是对礼的弊端的揭露和批判。

活动 4：思辨是学生的重要能力，对核心问题展开辩论，可以帮助学生更加全面、深刻地进行思考。此活动要求学生对“无讼的利与弊”进行思辨，学生可以根据本章内容，明确礼的诞生是有其正面意义的，是为了维护群居生活的人类之间的彼此协作，人能好礼，行礼，是人区别于动物的基本标志，是无讼社会的思想基石，以孔子为代表的儒家更多从“礼”的积极的一面去倡导；鲁迅则更多是从礼教的弊端来进行反思的，如祥林嫂的人生悲剧、闰土和迅哥儿的等级隔阂、祥林嫂和闰土对“礼”的主动服膺，已经内化为思想和行为准则，导致了“祥林嫂们”的悲剧，也让我们看到了无数个闰土麻木的精神意识。现代中国死水微澜的“无讼”状态，成为现代中国向前发展的障碍。在辩论中，还需要进一步反思，如果只依靠“法治”，社会处在一种“法无禁止即可为”的境地，也会乱象丛生，真正的“无讼”社会，需要礼治和法治相互平衡。

任务三：延伸现代语境，探讨“无讼”意义。

活动 1：根据路遥《平凡的世界》中的以下情节，讨论分析其中危机化解的原因。

双水村掌权人、支书田福堂发动的水利建设因为搬迁住户，遭到金氏家族的反抗，金家抬出了年近八十的金先生太太以死相抗，一时间矛盾激烈得不可收拾。不料田福堂却撇下支书架子，谦卑地向金老太太行礼，他的一声“干妈”和“扑通”一跪，刹那间化解了危机。

活动 2：阅读以下材料，结合本章内容，就“礼治是否终结”评析作者观点。

如果说，七十年前、二十年前我国法治的“本土资源”还是“乡土性”的，“礼治秩序”会与“法治秩序”发生“语言混乱”，以致社会迷茫和失序；那么现在，我们面临的则是一个“礼治秩序”行将终结，“法治秩序”尚未完全建立的社会情状，这也应该是我国当前法治实践的“本土资源”，而且这一“本土资源”更应该是值得重视的。既然抽离了民众心中先前“礼治”与温情的原乡，就应代之以一个“法治”与理性的现在，而不能使社会秩序的归处从迷茫走向空缺。因此，法治的建成、国家力量与司法服务的供应、法律及司法的公正性是我们一定要强调的。尤其是法律及司法的公正性，必须予以绝对的重视，否则法律将变成力量的跑马场，非但理性的规则意识无法建立，我们还将回到崇尚横暴权力的丛林逻辑当中去；由于无法找到秩序的落脚点，遇事讨不着“说法”，所谓的道德滑坡也就必然会发生。

——张宁《乡愁难掩——乡土的归去和法治的呼唤》

活动 3：作一次题为《“无讼”在现代化进程中的意义》的三分钟演讲。

【学习建议】

活动 1：学生可以联系所学内容，差序格局原本不承认有可以实行于一切人的统一规则，乡土社会的“私”的思想是文本语境中冲突产生的原因，在激烈的冲突面前，田福堂作为村支书的政治权威几乎无能为力，而礼俗却能够轻松化解危机。这个细节生动显示出乡村政治、人际关系以至于邻里矛盾等都不能不受到传统礼俗人情的制约，在中国的现代化进程中，乡土社会在蜕变，但礼俗的力量仍然存在，并且有效地调停着乡村社会的人际关系，在维持乡村秩序上有着不容小觑的力量。

活动 2：可以结合本章内容，在乡土社会，法治秩序的建立不能单靠制定若干法律条文和设立若干法庭，重要的还得看人民怎样去应用这些设备，在社会结构和思想观念上还得有一番改革。一方面，乡土社会有强大的民治自治的人心基础，道德教化仍然重要，从文化心理来说，礼治秩序还有其正面力量和价值；另一方面，要从思想上强化法治意识，需要用法律保障公平和理性，防止道德滑坡。

活动 3：需要整合“活动 1”和“活动 2”内容，理据充足、条理清晰地进行演讲。

任务四：重构“无讼”内涵，再造和谐社会。

以下是某市某村的宣传插图。请联系本章所学内容，对该插图作出合理解读，以《新型农村如何建设“无讼村居”》为题，写一篇小论文。

【学习建议】

思考角度：

1. 再造和谐社会，需要重构“无讼”内涵。

2. “以德协商”是重视乡土社会原有的礼治秩序，礼治是每个社会成员修身克己，主动承担起必要的伦理和道德责任，以保障社会的和谐。

3. 礼治作为礼俗社会的内在规则，有着根深蒂固的土壤和影响，让礼和礼治成为现代国家法治的得力辅弼，是当代社会努力的方向。

4. 纠纷调解中，应当以法律为依据，以保障规范公平。

5. “无讼”是乡土社会的文化传统，建设“无讼”村居，是要把矛盾调解放在诉讼之前，发挥社会自我修复功能，最大限度地修复当事人之间的关系。

十、无为政治：分析中国社会权力结构

《乡土中国》一书自第十章《无为政治》开始，作者费孝通逐渐淡化了形象思维，转而使用起抽象色彩较为鲜明的概念思维来。在《无为政治》这一章中，费孝通先后提出了四个核心概念：横暴权力、同意权力、长老权力（起初被称为“教化权力”）和时势权力，借以分析中国乡土社会中的权力结构。这四个核心概念分别出现在第十章《无为政治》（横暴权力和同意权力）、第十一章《长老统治》（长老权力）和第十三章《名实的分离》（时势权力）中。

为此，本章节我们设计了如下学习任务群，通过四大学习任务，帮助同学们逐步掌握本章所涉及的四大核心概念。

【学习任务群框架】

总任务：掌握本章四大核心概念

- 任务一：界定核心概念——横暴权力和同意权力
- 任务二：辨析核心概念——权力和权威
- 任务三：精读核心段落，批判性阅读例析
- 任务四：梳理文体特征，把握全书概貌

【学习活动设计】

任务一：界定核心概念——横暴权力和同意权力。

阅读《无为政治》一章相关内容，完成对横暴权力和同意权力这两个核心概念的名词解释。

活动1：假如你正在班级读书交流会上，你会如何对“横暴权力”这一核心概念作出名词解释呢？

【学习建议】

与同学交流，重点在于准确理解“横暴权力”这一概念的内涵与外延，需要我们研读作者对“横暴权力”概念的界定文字以及有关阐释文字，力求准确全面地理解这一概念。

活动2：假如你向一位初中学生介绍“同意权力”这一核心概念，你将如何解释呢？

【学习建议】

这一活动难度相对增加。除了需要完成类似“活动 1”的学习活动外，还需要在理解概念的基础上，考虑到初中生的知识经验状况，选择合适的方式加以阐释，例如：可以适当运用举例、比喻阐释的方式帮助初中学生理解。

任务二：辨析核心概念——权力和权威。

在提出这两个核心概念之前，费孝通先对“权力”这个概念进行了分类，指出：“论权力的人多少可以分成两派，两种看法：一派是偏重在社会冲突的一方面，另一派是偏重在社会合作的一方面。两者各有偏重，所看到的不免也各有不同的地方。”

活动 1：研读英国学者安东尼·吉登斯的相关定义，理解他关于“权力”的界定。

吉登斯相关定义：“一些人、群体或社区，在遭遇对手挑战和反抗的情况下，依然可以自行其是，或实现预定目标的能力。”并指出，在社会学领域，较早研究权力问题的是马克思·韦伯，在马克思·韦伯看来，权力可以被定义为“在统一行动中，一个人或一个群体，在即使遭到其他人反对的情况下，也能实现其意志的可能性”。

活动 2：课外拓展阅读《社会学基本概念》一书，评析费孝通在《乡土中国》中对“权力”概念的界定。

【学习建议】

许多社会学家沿着韦伯的路径，区分出具有强制性的权力，以及基于合法性的权威。按照这种分类标准，费孝通所谓的偏重社会冲突的权力才是真正的权力，而偏重社会合作的权力则指的是权威。费孝通这篇文章写于 20 世纪 40 年代末，对权力和权威这两个概念的划分还不够清晰。

在阅读《无为政治》这一章时，首先要注意这个概念还不够清晰的问题。为此，建议拓展阅读安东尼·吉登斯的《社会学基本概念》一书，学会运用清晰的概念去解决你在阅读《乡土中国》的过程中碰到同类问题，像这种概念使用并不清晰的问题在《乡土中国》这本书中确实存在，一定要慎重对待。

正所谓“尽信书，不如无书”，我们在理解《乡土中国》基本观点的基础上，还需要带着批判性的眼光来阅读。

任务三：精读核心段落，批判性阅读例析。

费孝通在《无为政治》这一章中界定了横暴权力和同意权力这两个概念之后，对此展开了一番对比分析。阅读这一章节，完成相关学习活动。

活动 1：费孝通认为：“权力之所以引诱人，最主要的应当是经济利益。”对于这种归因分析，你是否同意他的观点？尝试举例论证或反驳之。

活动 2：在第②段中，费孝通援引了他在广西瑶山开展的社会调查的例子，想借以论证“农业社会中横暴权力的限制”，你觉得这个例子是否得当，能否充分证明他的观点？

活动 3：在第③段中，费孝通指出“农业性的乡土社会”恰恰是皇权的发祥地，查找有关我国秦朝统一天下建立皇权的历史资料，看看“农业性的乡土社会”和抵御外来入侵的游牧民族分别在其中起到了怎样的作用。

活动 4：在第⑤段中，费孝通终于点出了“无为政治”的主题，指出“无为政治”也是皇权为了更好地维持统治的需要，查找有关西汉初年“文景之治”的史料，来深入论证一下这个论题。

活动5：费孝通在这一章的末尾得出了一个这样的结论：乡土社会里的权力结构，虽则名义上可以说是“专制”“独裁”，但是除了自己不想持续的末代皇帝之外，在人民实际生活上看，是松弛和微弱的，是挂名的，是无为的。你是否同意他的这种观点？查找有关的史料，尝试论证或反驳之。

任务四：梳理文体特征，把握全书概貌。

我们在阅读像《乡土中国》这类社会学名著的时候，要学会关注其文体特征，从学科范畴上来讲，《乡土中国》的确是一本社会学名著，但是，从文体学上来讲，《乡土中国》这本书就是一本十四篇论说文的合集，因此，我们可以把其中的每一篇文章都单独拿出来，作为一篇论说文来阅读。

活动1：理解费孝通。

阅读《无为政治》，写出本章文字的关键点，以实现对作者观点的理解。

（1）这篇论说文探讨的主要议题是什么？

（2）这篇论说文的主要观点是什么？

（3）这篇论说文为了支撑其观点，提出的主要理由是什么？

（4）这篇论说文为了支撑其观点和理由，提供的主要论据有哪些？

（5）这篇论说文说理是否透彻，所选用的推理方式有哪些？

（6）这篇论说文的文采如何？

（7）这篇论说文的篇章布局如何，在构思上是否独具匠心？

活动2：追问费孝通。

以上这七个关键问题还只是停留在“只知其然”的海绵式思维阶段，在英国学者尼尔·布朗看来，你还得改变一下思维，将海绵式思维转变为“知其所以然”的淘金式思维，变消极接受作者的观点及推理的被动学习，为积极发现作者最有意义的观点并加以评价的主动学习，这样你才能成为一名批判性思考者。基于此，我们还须追问以下七个问题：

（1）作者为什么关注这个议题？

（2）作者为什么会提出这个观点？

（3）作者提供的主要理由是否成立？

（4）作者提供的主要论据是否合适？

（5）作者使用的推理方式是否有效？

（6）作者的文采是否有可改进之处？

（7）作者的谋篇布局是否合理？

活动 3：以其人之道还治其人之文。

请以《无为政治》中相关原理制作一张评价量表，用以评价《无为政治》这篇文章。

《无为政治》评价量表

	知其然（回答：是什么或有哪些）	知其所以然（回答：为什么或怎么样）
议题		
观点		
理由		
论据		
推理		
文采		
篇章		

十一、长老统治：权力结构的中国特色

在这一章中，费孝通先生认为中国乡土社会的权力结构不能简单地套用西方的横暴

权力和同意权力来解释，中国乡土社会还有另外一种独特的权力——教化权力。它建立在“长老统治”的基础上，是“无为政治”的结果之一，是“礼治秩序”的一项内容。教化权力不是民主的，但也显然不是专制的。因为民主的前提是尊重个人意志，而乡土社会的教化是强制性的，但这种强制是文化上的而非政治上的。

教化权力之所以发挥作用，是因为乡土社会是变化很少的社会，文化十分稳定，年轻人只要按照长辈的经验，即“礼”的要求去做，就能应付生活中的大多数问题。于是，“每一个年长的人都握有强制年幼的人的教化权力”。教化权力遵从的是长幼有序的原则。但随着社会的变迁，文化变得越来越不稳定，当传统的经验无法应付当前的问题时，教化权力的影响力自然萎缩，最后只保留在亲子关系、师生关系当中，且时间很短。乡土社会也随之由长老统治变为精英管理。

横暴权力、同意权力、教化权力和时势权力是费孝通先生在《乡土中国》中提出的重要概念。本章内容的关键点在于理解“教化权力”这个核心概念的内涵和外延。由于教化权力主要表现为父对子的教化、师对生的教化、族长或士绅对乡民的教化等方面，我们便从这三个方面评选出教化的代表人物，让同学们在对他们的认识和评价当中深入理解教化权力的特点。考虑到同学们对中国乡村的历史与现状了解不多，而源于生活的文学作品中有不少乡村世界的表现和掌握教化权力的人物形象（包括虚构的和真实的），我们设计了在文学作品中评选教化模范的学习任务。

【学习任务群框架】

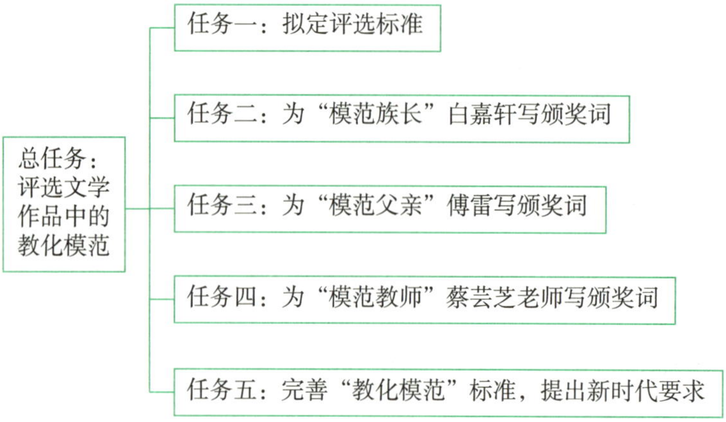

【学习活动设计】

任务一：拟定评选标准。

活动 1：浏览《长老统治》第 1—7 节和前一章《无为政治》，借助表格搜检信息，比较“教化权力”与“横暴权力”“同意权力”的区别。

	横暴权力	同意权力	教化权力
权力产生的背景	社会冲突	社会合作	社会继替
权力实施的目的	剥削被统治者以获得经济利益	在社会契约下彰显个人自由意志	既为了社会，也为了被教化者
权力的特点	专制	民主	强制
权力的范畴	政治	政治	文化

活动 2：以“人是否需要接受教化”为题在学习小组中展开讨论。

要求：（1）结合阅读所得阐述自己对教化的理解。

（2）思考：作者为什么说人要遵守“社会规律”而不是“社会规则”？

活动 3：班级讨论，拟定评选“教化模范”的标准。

要求：（1）思考教化主体与对象之间的关系类型，明确“教化模范”的身份类别。

（2）在讨论基础上罗列“教化模范”的评选标准。

任务二：为“模范族长”白嘉轩写颁奖词。

活动 1：阅读以下三则材料，了解乡土社会的自治状态。

材料 1

陆陇其，字稼书，浙江平湖人。康熙九年进士。十四年，授江南嘉定知县。嘉定大县，赋多俗侈。陇其守约持俭，务以德化民。……讼不以吏胥逮民，有宗族争者以族长，有乡里争者以里老。

——《清史稿》

材料 2

秦晖在《传统中华帝国的乡村基础控制》中这样概括中国乡村的权力状况："国权不下县，县下唯宗族，宗族皆自治，自治靠伦理，伦理造乡绅。"

材料 3

明清"乡绅""绅士""士绅"是不同历史阶段形成的历史性概念。"乡绅"，主要是指居乡或在任的本籍官员，后来扩大到进士、举人。而"绅士"一词在明代主要还是分指"乡绅"与"士人"，到晚清已演变为对所有"绅衿"的尊称和泛称。"士绅"一词出现较晚，但内涵较宽，主要是指在野的并享有一定政治和经济特权的知识群体，它包括科举功名之士和退居乡里的官员。中外学者由于受到研究时段、研究视角和理论原则等方面的影响，各自赋予"乡绅""绅士""士绅"不同的内涵，但总的说来，"士绅"一词开始越来越多地为学术界所采纳。

——徐茂明《明清以来乡绅、绅士与士绅诸概念辨析》

活动 2：阅读鲁迅小说《祝福》中鲁镇的士绅鲁四老爷对祥林嫂的言行态度，评析教化权力背后的思想文化。

活动 3：阅读《白鹿原》第八章（节选）内容，用费孝通先生的观点分析白嘉轩行使教化权力的特点。

材料：

在闹"交农"事件的前后一年多时间里，《乡约》的条文松弛了，村里竟出现了赌窝，窝主就是庄场的白兴儿。抽吸鸦片的人也多了，其中两个烟鬼已经吸得倾家荡产，女人引着孩子到处去乞讨。他（白嘉轩）敲响了大锣，所有男人都集中到祠堂里来，从来也没有资格进入祠堂的白兴儿和那一伙子赌徒也被专意叫来。那两个烟鬼丧魂落魄的丑态已无法掩饰，张着口流着涎水，溜肩歪胯站在人背后。白嘉轩点燃了蜡烛，插上了紫香，让徐先生念了一些《乡约》的条文和戒律。白嘉轩说："赌钱掷骰子的人毛病害在手上，抽大烟的人毛病害在嘴上；手上有毛病的咱们来给他治手，嘴上有毛病的咱们就给他治嘴。"白嘉轩先叫了白兴儿的名字。白兴儿"扑通"一声跪到祠堂供桌前："我不赌了，我再不赌了！我再赌钱掷骰子就斫掉我的手腕子！"……

白嘉轩着人用一条麻绳把那八双手捆绑在槐树上，然后又着人用干枣刺刷子抽打，八个人的粗的细的嗓门就一齐哭叫起来。白嘉轩喝道：“说！各人都说出自个儿赢了多少输了多少。”白兴儿和那七个人都哭溜着声如实报了数。白嘉轩默默算计一番，赢的和输的数目大致吻合，可以证明他们尚未说谎，就说：“输了钱的留下，赢了钱的回去取钱。”白兴儿和另两个赢主儿被解下手，然后跑回家取了钱又跑来，按族长的眼色把银圆掏出来放到桌子上。白嘉轩说：“谁输了多少就取多少。”那五个输家被解下来，做梦也没有想到会有失财复得的事，颤巍巍地从桌子上码数了银圆，顾不得被刺刷打得血淋淋的手疼，便趴在地上叩头：“嘉轩爷（叔哥）我再也不……”白嘉轩却冷着脸呵斥道：“起来起来！你们八个人这下记住了没？记住了？谁敢信啊！把锅抬过来——”几个人把一只大铁锅抬来了，锅里是刚刚架着硬柴烧滚的开水。白嘉轩说：“谁说记下了就把手塞进去，我才信。”几个输家咬咬牙就把手插进滚水里，当即被烫得跳着脚甩着手在院子里打转转。白兴儿和两个赢家也把手插进滚水锅里，直烫得叫爸叫爷叫妈不迭。白嘉轩说：“我说一句，你们再记不下再赌的话，下回就不是滚水而是煎油！”

活动 4：比较白嘉轩和鲁四老爷两个人物，结合“任务一”中“教化模范”的标准，为白嘉轩撰写颁奖词。

任务三：为“模范父亲”傅雷写颁奖词。

活动 1：阅读《论语·季氏》中“庭训”的典故，对孔子的教化进行评析。

陈亢问于伯鱼曰：“子亦有异闻乎？”

对曰：“未也。尝独立，鲤趋而过庭，曰：‘学《诗》乎？’对曰：‘未也。’‘不学《诗》，无以言。’鲤退而学《诗》。他日，又独立，鲤趋而过庭，曰：‘学《礼》乎？’对曰：‘未也。’‘不学《礼》，无以立。’鲤退而学《礼》。闻斯二者。”

陈亢退而喜曰：“问一得三，闻《诗》、闻《礼》，又闻君子之远其子也。”

供参考的学习支架：

《礼纬·含文嘉》：“三纲，谓君为臣纲、父为子纲、夫为妻纲矣。”

《三字经》：“三纲者，君臣义，父子恩，夫妇顺。”

《弟子规》：“父母呼，应勿缓。父母命，行勿懒。父母教，须静听。父母责，须顺承。”

活动 2：阅读家训的典范，发现从古至今家训中所反映的父子关系的新变化。

材料 1

诸葛亮《诫子书》：

夫君子之行，静以修身，俭以养德。非淡泊无以明志，非宁静无以致远。夫学须静也，才须学也，非学无以广才，非志无以成学。淫慢则不能励精，险躁则不能治性。年与时驰，意与日去，遂成枯落，多不接世，悲守穷庐，将复何及！

材料 2

颜之推《颜氏家训·教子篇》：

父母威严而有慈，则子女畏慎而生孝矣。

父子之严，不可以狎；骨肉之爱，不可以简。简则慈孝不接，狎则怠慢生焉。

材料 3

《傅雷家书》（节选）：

1954 年 10 月 2 日

聪，亲爱的孩子。收到 9 月 22 日晚发的第六信，很高兴。我们并没为你前信感到什么烦恼或是不安。我在第八封信中还对你预告，这种精神消沉的情形，以后还是会有的。我是过来人，决不至于大惊小怪。你也不必为此担心，更不必硬压在肚里不告诉我们。心中的苦闷不在家信中发泄，又哪里去发泄呢？孩子不向父母诉苦向谁诉呢？我们不来安慰你，又该谁来安慰你呢？人一辈子都在高潮—低潮中浮沉，唯有庸碌的人，生活才如死水一般；或者要有极高的修养，方能廓然无累，真正的解脱。只要高潮不过分使你紧张，低潮不过分使你颓废，就好了。太阳太强烈，会把五谷晒焦；雨水太猛，也会淹死庄稼。我们只求心理相当平衡，不至于受伤而已。你也不是栽了筋斗爬不起来的人。我预料国外这几年，对你整个的人也有很大的帮助。这次来信所说的痛苦，我都理会得；我很同情，我愿意尽量安慰你、鼓励你。克利斯朵夫不是经过多少回这种情形吗？他不是一切艺术家的缩影与结晶吗？慢慢地你会养成另外一种心情对付过去的事：就是能够想到而不再惊心动魄，能够从客观的立场分析前因后果，做将来的借鉴，以免重蹈覆辙。一个人唯有敢于正视现实，正视错误，用理智分析，彻底感悟，才不至于被回忆侵蚀。我相信你逐渐会学会这一套，越来越坚强的。我以前在信中和你提过感情的 ruin（创伤，覆灭），就是要你把这些事当作心灵的灰烬看，看的时候当然不免感触万端，但不要刻骨铭心地伤害自己，而要像对着古战场一般的存着凭吊的心怀。倘若你认为这些话是对的，对你有些启发作用，那么将来在遇到因回忆而痛苦的时候（那一定免不了会再来的），拿出这封信来重读几遍。

活动3：从教化的艺术的角度，为傅雷先生撰写颁奖词。

任务四：为“模范教师”蔡芸芝老师写颁奖词。

活动1：阅读材料，结合本章相关语段，了解乡土社会中“师”的地位。

材料1

《国语》：“民生于三，事之如一。父生之，师教之，君食之。非父不生，非食不长，非教不知，生之族也，故壹事之。”

材料2

《荀子·礼论》：“天地者，生之本也；先祖者，类之本也；君师者，治之本也。无天地，恶生？无先祖，恶出？无君师恶治？三者偏亡，焉无安人。故礼，上事天，下事地，尊先祖而隆君师，是礼之三本也。”

活动2：关联阅读，理解教化权力面对文化冲击时的变化。

结合《礼治秩序》《无为政治》《血缘和地缘》三章节的内容，思考当社会发生巨变，文化的稳定发生变化的情况下，教化权力所面临的冲击和可能的变化。

活动3：阅读韩愈《师说》，评价韩愈所论在师生关系方面对教化权力的发展。

材料：

古之学者必有师。师者，所以传道受业解惑也。人非生而知之者，孰能无惑？惑而不从师，其为惑也，终不解矣。生乎吾前，其闻道也固先乎吾，吾从而师之；生乎吾后，其闻道也亦先乎吾，吾从而师之。吾师道也，夫庸知其年之先后生于吾乎？是故无贵无贱，无长无少，道之所存，师之所存也。

……

圣人无常师。孔子师郯子、苌弘、师襄、老聃。郯子之徒，其贤不及孔子。孔子曰：三人行，则必有我师。是故弟子不必不如师，师不必贤于弟子。闻道有先后，术业有专攻，如是而已。……

活动 4：阅读魏巍《我的老师》（节选），为蔡芸芝老师撰写颁奖词。

材料：

最使我难忘的，是我小学时候的女教师蔡芸芝先生。

回想起来，她那时有十八九岁，嘴角右边有榆钱大小一块黑痣。在我的记忆里，她是一个温柔和美丽的人。

她从来不打骂我们。仅仅有一次，她的教鞭好像要落下来，我用石板一迎，教鞭轻轻地敲在石板边上，大伙笑了，她也笑了。我用儿童的狡猾的眼光察觉，她爱我们，并没有存心要打的意思。

在课外的时候，她教我们跳舞，我还记得她把我扮成女孩子表演跳舞的情景。

在假日里，她把我们带到她的家里和朋友的家里。在她的朋友的园子里，她还让我们观察蜜蜂，也是在那时候，我认识了蜂王，并且平生第一次吃了蜂蜜。

她爱诗，并且爱用歌唱的音调教我们读诗。直到现在我还记得她读诗的音调，还能背诵她教我们的诗：

圆天盖着大海，
黑水托着孤舟，
远看不见山，
那天边只有云头，
也看不见树，
那水上只有海鸥……

今天想来，她对我的接近文学和爱好文学，是有着多么有益的影响！

像这样的教师，我们怎么会不喜欢她，怎么会不愿意和她亲近呢？我们见了她不由得就围上去。即使她写字的时候，我们也默默地看着她，连她握铅笔的姿势都急于模仿。

有一件小事，我不知道还值不值得提它，但回想起来，在那时却占据过我的心灵。我父亲那时候在军阀部队里，好几年没有回来，我跟母亲非常牵挂他，不知道他的死活。我的母亲常常站在一张褪了色的神像面前焚起香来，把两个有象征记号的字条卷着埋在香炉里，然后磕了头，抽出一个来卜问吉凶。我虽不像母亲那样，也略略懂了些事。可是在孩子群中，我的那些小“反对派”们，常常在我的耳边猛喊：“哎哟哟，你爹回不来了哟，他吃了炮子儿啰！”那时的我，真好像父亲死了似的那么悲伤。这时候，蔡老师援助了我，批评了我的“反对派”们，还写了一封信劝慰我，说我是“心清如水的学生”。一个老师排除孩子世界里的一件小小的纠纷，是多么平常，可是回想起来，那时候我却觉得是给了我莫大的支持！在一个孩子的眼睛里，他的老师是多么慈爱，多么公平，多么伟大的人啊！

每逢放假的时候，我们就更不愿离开她。我还记得，放假前我默默地站在她的身边，看她收拾东西的情景。蔡老师！我不知道你当时是不是察觉，一个孩子站在那里，对你是多么地依恋！至于暑假，对于一个喜欢他的老师的孩子来说，又是多么漫长！记得在一个夏季的夜里，席子铺在当屋，旁边燃着蚊香，我睡熟了。不知道睡了多久，也不知道是夜里的什么时候，我忽然爬起来，迷迷糊糊地往外就走。母亲喊住我：

“你要去干什么？”

“找蔡老师……”我模模糊糊地回答。

“不是放暑假了吗？”

哦，我才醒了。看看那块席子，我已经走出六七尺远。母亲把我拉回来，劝说了一会儿，我才睡熟了。我是多么想念我的蔡老师啊！至今回想起来，我还觉得这是我记忆中的珍宝之一。一个孩子的纯真的心，就是那些在热恋中的人们也难比啊！什么时候，我能再见一见我的蔡老师呢？

可惜我没有上完初小，就转到县立五小上学去了，从此，我就和蔡老师分别了。

任务五：完善“教化模范”标准，提出新时代要求。

活动 1：整合“任务二”至“任务四”的收获，小组交流对“教化模范”的进一步理解。

活动 2：质疑反思——“教化模范”是否意味着墨守成规？

活动 3：联系现实，谈谈在法治社会中，如何充分发挥教化权力的作用。

十二、血缘和地缘：社会性质转变路线图

本章首先从“血缘”与“血缘社会”谈起，揭示了血缘社会的主要特征：

1. 年长的对年幼的具有强制的权力，这是血缘社会的基础。

2. 血缘所决定的社会地位不容选择。

3. 在稳定的社会里，地缘不过是血缘的投影。

4. 亲密的血缘关系限制着若干社会活动，最主要的是冲突和竞争。

5. 在亲密的血缘社会中商业是不能存在的。

作者从以上五个方面，由内而外地揭示了血缘社会的主要特征，这些特征也阻碍着乡土社会向现代社会的发展。接下来，作者进一步指出，从商业里发展起来的地缘社会关系是“契约社会的基础”。本章的最后一部分独立成段，旗帜鲜明地得出结论：从血缘结合转变到地缘结合是社会性质的转变，也是社会史上的一个大转变，可谓掷地有声，振聋发聩。

通过前面各章的阅读，同学们已经基本掌握了社科论著的阅读方法：关注学术概念，在梳理论证过程中把握作者研究的问题和得出的结论，辨析论证过程的逻辑层次，把握作者写作的严谨求实的态度和散文化的语言风格。根据本章内容、结构和语言表达的特点，我们可以把探究“血缘”和“地缘”两种社会之间的逻辑关系作为抓手，通过学术概念的辨析、论证思路的梳理，概括出两种社会的不同特点和相互关系，进而领会作者的写作意图，即本章结尾部分得出的结论，指出现代社会是由血缘社会向地缘社会转变的社会发展路线图。

本任务群围绕“由血缘到地缘：乡土社会性质转变的必由之路”这一命题，设置了学术概念理解、梳理文章思路、对比区别乡土社会和现代社会、分析理解乡土社会由血缘向地缘转变的原因和深刻内涵等任务，引导学生通过阅读，积累阅读学术类著作的经验。

【学习任务群框架】

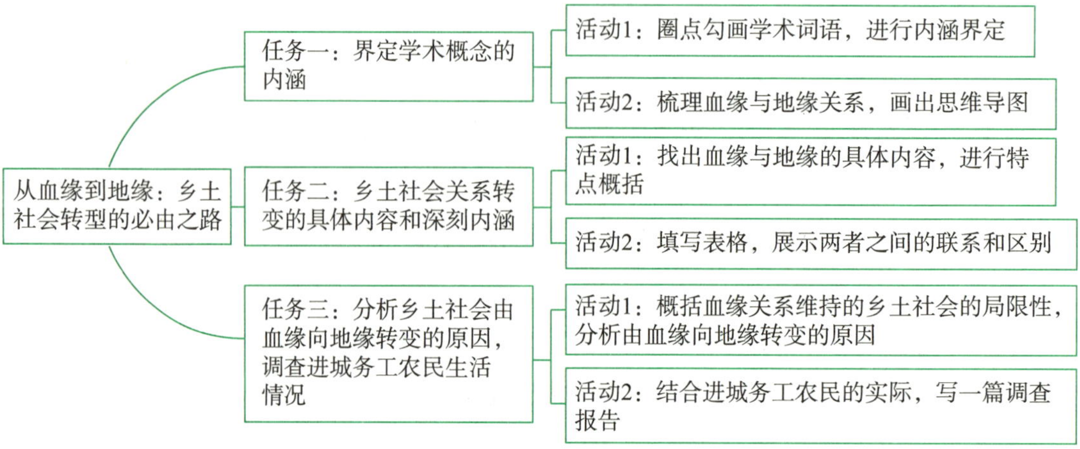

【学习活动设计】

任务一：界定学术概念的内涵，梳理本章思路。

活动 1：浏览《血缘与地缘》章节，圈画作者提到的较学术的词语，结合上下文语境，提取信息，完成下表的填写。

重点学术词语	内涵界定

【学习建议】

鼓励学生细读课文，圈点勾画，通过填表格的形式直观了解该章出现的重要概念，避免混淆。分成小组，细化任务，划分自然段寻找，并将其写在纸上，由小组派代表讲出该组所挑出的需要解释的概念，并找出相关的语句作出解释；待全部找出之后，由各组相互点评所找的词及解释，并可以作出补充；集中大家碰到的疑难概念，由老师引导大家寻找，并启发学生回答。

活动 2：从文中画出论述血缘与地缘两者关系的句子，在小组讨论的基础上画出本章内容的思维导图。

【学习建议】

本次学习可以分三个步骤来完成：（1）独立阅读，圈画出文中的相关语句。（2）小组梳理论述血缘与地缘关系的词句之间的逻辑关系。（3）通过思维导图呈现这一部分论述的逻辑关系。

任务二：依据文本，找出血缘关系社会与地缘关系社会的具体特点及区别。

活动 1：血缘和地缘作为本章节的标题，你能否从文章中找到相应的语句，进行梳理概括，并以图表的形式展现两个概念之间的区别？按照示例的要求填好表格。

乡土社会和现代社会的区别

区别	乡土社会	现代社会
建立的基础	以血缘关系为基础	以地缘关系为基础
社会性质		陌生、易变迁、变动大
维系社会结构稳定的方式	生育	
地缘与血缘关系		
商业交易方式	人情维系、相互馈赠	
支配行为的情感		理性

【学习建议】

考查学生的概括能力，血缘与地缘是作者集中描述的两个概念。细读文本，精确概括血缘和地缘的特点，并找出依据。

活动2：有比较才会有鉴别，通过比较两种不同形态的社会，即乡土社会和现代社会，找出不同点，可以使学生更加明白中国乡土社会的特殊性。可以分组讨论概括：在乡土社会，为什么血缘关系的影响如此深远，结合现实的例子说明，强化对这一特点的理解。

【学习建议】

（1）结合阅读，运用原文语句加以分析概括。

（2）概括时语句要精练、简明、扼要。

（3）举例说明时既要有文中的理论支撑，也要有例子说明，做到有理有据。

任务三：结合材料，分析乡土社会转型的原因，理解差序格局下乡土社会转型的深刻内涵。

活动1：通过阅读材料，分析以血缘关系维持的乡土社会的积极意义和局限性，写一段话，阐述中国社会由血缘关系转变为地缘关系的必要性。

材料1

宗法制度是中国古代维护贵族世袭统治的一种制度。至周代逐渐完备。夏商周三代是在原始社会基础上发展起来的，原始社会基本的社会关系就是血缘关系。这种社会结构在国家诞生以后被较为完整地保留下来。所以夏商周是一种部族国家，其政治制度带有浓厚的部族色彩，形成了以宗法制为核心的政治体系。宗法制是由原始社会的父系家长制直接演变而来的。周王自称天子，王位由嫡长子继承，称为大宗。其余庶子有的被分封为诸侯，对天子而言为小宗，在本国称为大宗，其职位亦由嫡长子继承。大、小宗的关系不仅是家族等级关系，也是政治隶属关系。后世地主阶级长期利用这种制度，以巩固政权、神权、夫权。

宗法制即宗教法规，是一种权力继承制度，将君位的承传用嫡长子继承制的形式确定下来，完善和巩固分封制，防止贵族之间因为权力的继承问题发生纷争。宗法制下的等级尊卑观念非常严格，等级森严，尊卑有序，它以血缘关系为纽带，以君臣关系为纲纪，保证了贵族在政治上的垄断和特权地位，维护贵族统治贵族集团内部的稳定和团结。世袭制和分封制一起，构成了夏商周时期的政治制度的主体，对中国社会产生了深远的影响。

积极作用是注重家庭建设，提倡尊老爱幼，易于形成强大的民族凝聚力。消极影响是强调家庭本位，过分重视人情关系，人为地划分远近尊卑，个人的自主意识和平等权利受到约束。这与现代的平等和法制意识多少有些违背。

——人教版高一《历史》必修一《中国古代政治制度》

材料 2

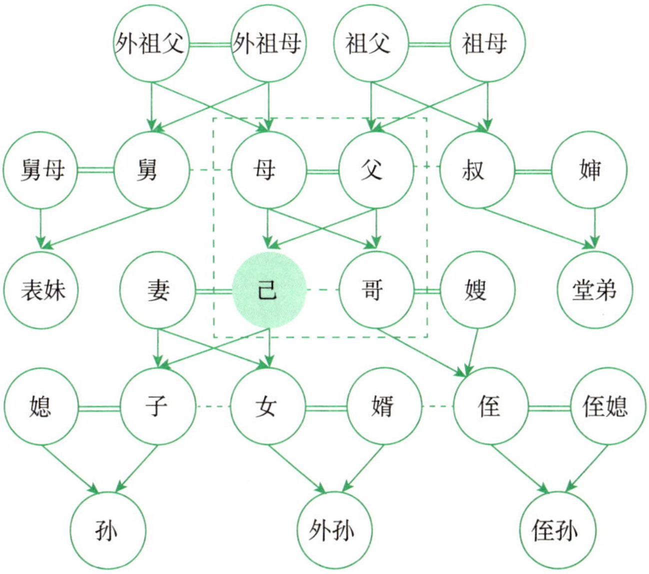

上图是最基本的血缘关系结构图，该血缘关系结构是一个非常受限的结构，具有以下特点：

（1）血缘关系结构具有递归性。血缘关系中，最基本的构造单位是以“父亲”“母亲”和“孩子”结点通过婚姻关系和生育关系构成的结点组，我们称为血缘关系结构的基础单元。为了推理简便，有时候会引入兄弟姐妹结点。整个血缘关系结构，就是由一个个基础单元相互叠加而形成的。血缘关系结构的递归性是血缘关系推理的基础。

（2）每个结点跟其他结点连接的边的数量非常有限。婚姻关系方面，最多1条婚姻关系的边。生育关系方面，每个结点的入度（引入结点的边的数量）最多为2（父亲、母亲），出度（从结点引出的边的数量）有限。为了推理方便，还可能有若干兄弟姐妹关系边。而且，两个结点之间只可能有一种关系（否则属于“乱伦”的情况）。

（3）每个结点最多处于两个血缘关系基础单元中，在一个基础单元中作为“父亲或母亲”，在另一个基础单元中作为“孩子”。

（4）生育关系和被生育关系不对应。从后辈往前辈看的被生育关系，是一个二叉树结构，每个人最多只有两个父母；从前辈往后辈看的生育关系，则是一个多叉树结构，每个人可以有多个孩子。

（5）以上这些血缘关系结构的特点，大大限制了血缘关系结构图的复杂度，保证了血缘关系结构的简单性和有序性，使得人们面对错综复杂的血缘关系结构，依然能够认知、归纳并快速地进行推理。

——卢达威　袁毓林《亲属关系推理系统研究与实现》[①]

材料3

长期以来，在关于古代国家起源问题的研究中流行一个牢不可破的信念，那就是氏族、部落等血缘组织在史前时期居于统治地位，并且是当时社会唯一类型的组织基础；国家产生前夕，血缘因素的影响走向式微，血缘组织遭到破坏，相反，地缘因素显著成长，地缘组织占据主导地位；最终，国家得以建立在地缘组织的基础之上。这个结论是19世纪60年代以来一百多年间，经梅因、摩尔根、恩格斯、弗里德等多人之手才得以完成的。

① 卢达威，袁毓林．亲属关系推理系统研究与实现［J］．中国社会科学，2019，（11）：34–35.

20 世纪前半期以来，越来越多的人类学调查材料及历史学研究成果中披露了若干国家建立于血缘组织基础之上的案例。在此基础上，如何重新认识国家起源与血缘、地缘因素的关系，就成为一个非常值得关注的课题。

——晁天义《重新认识国家起源与血缘、地缘因素的关系》[1]

中国乡土社会由血缘关系转向地缘关系是社会历史发展的必然，请简述理由。

活动 2：越来越多的农村人走出农村进入到了城市学习、生活和工作，他们融入城市生活的困难体现在哪里？阅读下列材料，请以小组为单位，通过问卷或访谈的方式，收集本市外来打工者，或本地农村的外出打工者进入城市生活后遇到的困难和问题，写一份不少于 1000 字的调查报告。

材料：

“80 后”“90 后”，一个以二三十岁年龄段为主体的“新生代农民工”群体，已被时代推到了发展前沿。目前，他们已占全国 1.5 亿外出打工农民工中的 60%，大约有 1 亿，是流动大军中的主力队员：与同样在城市打工的父辈们相比，“新生代农民工”不熟悉农业、农村和农民，他们上完学以后就进城打工，或出生成长在城市，对城市生活比对农村生活更熟悉，他们尤其渴望进入和融入城市社会。然而与他们的渴望相比，从制度到心理到具体措施，城市显然还没有做好接纳他们的准备。

……

面临困境：就业、婚姻之惑

“经济接纳、社会拒入”让新生代农民工在城市的生活面临巨大的困境。由于没有户籍，他们就业受限制。来自鸡西市鸡东镇的农民王春梅两口子，最牵挂的是被称为“农民工二代”的两个女儿。大女儿来城市已 7 年多了，曾在发廊打工，始终也没找到“正式”工作。同样是农村户口的女婿很能干，换过不少工作，但同样也没有“正式”的工作。“正式”的工作是他们一家人内心纠结的主要原因，其实，他们指的“正式”工作就是相对稳定的工作。

婚姻之惑。王春梅的小女儿在长春做护士，让这个做妈妈的犯愁的是，小女儿的身份直接影响到找啥样的女婿。王春梅说，女儿的长相打扮和城里人没有两样，也适应了

① 晁天义 . 重新认识国家起源与血缘、地缘因素的关系［J］. 史学理论研究，2014,（2）.

城市化生活。但是，农民的身份还是让她们没有归属感，爱情与婚姻受限制，处于难以走进“围城”的困境。网络上曾流传这么一句话：“新生代农民工，‘媒婆’喊你回家相亲！”这正是新生代农民工婚姻面临困境的写照。

也许，上述几个农民工的境遇不能涵盖所有农民工遇到的问题，但是，他们的问题却是所有农民工面临的共性问题。而所有问题的根源就在于他们的身份被牢牢地钉在“农民”上，因而他们的生活与城市的繁荣、进步似乎毫不相干，而城市的发展却与他们的汗水有关，王春梅每天要清扫居民楼的20个单元，外加三个大院，她用汗水换来了城市人整洁的生活环境，却没有换来自己城市人身份的认可。

——万冲《新生代农民工生存状态："我的烦恼，谁知道！"》①

十三、名实的分离：探察社会变迁的奥秘

如果说《乡土中国》整本书前半本由“差序格局”统领，那么后半本就由“礼治秩序”贯穿。

《名实的分离》是正文倒数第二个章节，与《无为政治》和《长老统治》两章关系最为密切。而这一章本身有几个区别于前文的地方需要读者关注：首先，作者转换了观察的视角，不再将乡土社会视为一个静止的社会，而是从变动的角度来加以观察。其次，全书多数章节的重要概念是立足乡土社会的具体现象提炼而成的，但本章所提出的新概念“时势权力”并非乡土社会的典型权力性质，而是作为一个比较项与前文已经出现过的“横暴权力”“同意权力”并举，与乡土社会的“长老权力”形成对立。再次，标题“名实的分离”这一短语不是概念，不是范畴，而是一个结果，是长老权力为维持统治，以注释的方式谋求与社会变动的适应后必然导致的结果。相关论述仅仅出现在章节的最后一部分，所占笔墨不到全章的六分之一。

上述三点特殊之处自然会引发以下思考：

1. 为什么需要从变动的角度来观察乡土社会？是由研究对象的性质决定，还是出于研究方法的需要，抑或是受研究者所处的时代背景驱使？

---

① 万冲，新生代农民工生存状态："我的烦恼，谁知道？"［J］农村．农业．农民（B版），2010，(3)

2. “时势权力”为何在此章中被提出？它在帮助读者认识乡土社会的特点时有什么特殊的作用，而这一作用是“横暴权力”和“同意权力”在与“长老权力”比较时所不具备的？

3. “名实分离”的相关论述文字不多，却为何成为本章的标题？

而这三个问题恰恰是同学们在完成《乡土中国》整本书阅读这个任务群时，在本章会碰到的“任务关键点”。若能够在关键点上有所突破，那么我们就不仅仅是对乡土社会的社会特点有所了解，还能进入到作者是“怎么探究的”“为什么用这样的探究方式”这一层面，真正积累阅读学术著作的经验。

因此，我们的任务设计也围绕这些关键点展开。任务关键词可拟定为：社会变迁、时势权力、名实分离。所设计的学习主任务是探究“谁是掌握时势权力的英雄”。

首先请同学们在浏览本章节文本的基础上了解时势权力产生的背景，归纳时势权力英雄的特点。然后了解中国历史上三个重要的变革时期：战国、魏晋、五四时期，聚焦三位历史人物：商鞅、阮籍、鲁迅，探究他们在旧有的社会结构和新的社会环境交锋中的所言所行。在理解他们行为的基础上，运用“名实的分离”一章的概念和论述，加深对社会变革期时势权力与长老权力此消彼长的特殊情境的认识。

在完成这些任务的过程中，同学们在“名实分离”这一问题上会有更多的投入和思考。基于大家要了解的不仅是结论，而且是结论形成的过程这一学业水平要求，我们发现：或许对作者撰文时所预设的读者群而言，各朝各代对经典“注释”的变动轨迹是他们很熟悉的，旧式家庭中的家长意志是他们生活环境的一部分，作者点到即止，读者也能莫逆于心。但是对当下的广大中学生而言，家庭氛围更趋平等，“注释”的变动轨迹也在大部分的高一同学知识领域之外，于是诸位就不太容易理解名实分离的结果究竟是如何产生的，又有何弊端。

必须指出的是，阅读通常不会囿于所面对的这本书，读者总是会在更大的体系中，在历史和现实的情境中理解和思考，这本身也是阅读社科类学术著作的常态。

【学习任务群框架】

- 主任务：谁是掌握时势权力的英雄
  - 任务一：初拟英雄标准
    - 活动1：完成表格，理解“时势权力”
    - 活动2：组织演讲，探求“时势”与“英雄”的关系
    - 活动3：讨论辨析，拟写英雄标准
  - 任务二：聚焦“社会变迁”，为商鞅撰写推荐语
    - 活动1：分析譬喻，理解作者对“社会变迁”的认识
    - 活动2：梳理比较，剖析商鞅对“社会结构工具性”的认识
    - 活动3：品读辩词，理解商鞅“不法古”背后的社会认知
    - 活动4：梳理变法过程，撰写推荐语
  - 任务三：探求“名实分离”的路径，为阮籍撰写推荐语
    - 活动1：理解史料，评价阮籍之孝道
    - 活动2：梳理比较，追溯“孝道”名实分离的路径
    - 活动3：对比辨析，探求阮籍“居丧不率常检”的理由
    - 活动4：了解阮籍对士风的影响，撰写推荐语
  - 任务四：发掘“名实分离”的恶果，为鲁迅撰写推荐语
    - 活动1：完成表格，理解“注释”的本质
    - 活动2：关联阅读，理解“注释”在维护长老权力中的作用
    - 活动3：了解鲁迅对名实分离的抨击，撰写推荐语
  - 任务五：整合反思，形成结论
    - 活动1：小组交流，整合对“时势英雄”的新认识
    - 活动2：质疑反思，“时势英雄”是不是“成功者”
    - 活动3：完善英雄标准，提出时代需求

【学习活动设计】

任务一：拟定英雄标准。

活动 1：浏览《名实的分离》章节，借助表格搜检信息，了解“时势权力”的概念。

	时势权力
权力双方关系	
权力产生的背景	

（续表）

	时势权力
维持权力的手段	
权力实施的目的	

活动 2：以“时势造英雄”为话题在学习小组中作三分钟的演讲。

要求：（1）结合阅读所得阐述这句话成立的原因。

（2）列举你心目中的“时势英雄”。

活动 3：班级讨论，拟定“时势英雄”的标准。

要求：（1）探讨在横暴权力、同意权力、长老权力和时势权力中，哪些权力关系中更可能出现英雄。

（2）辨析时势权力的英雄与横暴权力的英雄之间的区别。

（3）在讨论基础上罗列“时势英雄”的评判标准。

任务二：为“时势英雄”候选人之一商鞅写推荐语。

活动 1：在《名实的分离》中，费孝通表示不接受哲学家 Spengler 对社会结构变迁的理解，细读相关语段，从作者所用的譬喻手法入手，分析两位学者见解的差异，并谈谈该手法的使用效果。

供参考的学习支架：

Spengler 认为社会结构类似____________，其发生变动是因为__________________。

费孝通则认为社会结构类似____________，其发生变动是因为__________________。

作者善用譬喻手法阐释观点。在前面的章节中，他曾将西洋社会组织喻为“捆柴”，将乡土社会的差序格局喻为“好像把一块石头丢在水面上所发生的一圈圈推出去的波纹”，用日常熟悉的具象的场景生动地展示了概念性的抽象的不同社会组织的人际关系。在这段文字中，譬喻手法的效果是：____

____

____。

活动 2：阅读《史记·商君列传》中商鞅游说秦孝公的段落，结合文本，分析商鞅对社会结构工具性的认识是“Spengler 式”的还是“费孝通式”的。

材料：

孝公既见卫鞅，语事良久，孝公时时睡，弗听。罢而孝公怒景监曰：“子之客妄人耳，安足用邪！”景监以让卫鞅。卫鞅曰：“吾说公以帝道，其志不开悟矣。”后五日，复求见鞅。鞅复见孝公，益愈，然而未中旨。罢而孝公复让景监，景监亦让鞅。鞅曰：“吾说公以王道而未入也。请复见鞅。”鞅复见孝公，孝公善之而未用也。罢而去。孝公谓景监曰：“汝客善，可与语矣。”鞅曰：“吾说公以霸道，其意欲用之矣。诚复见我，我知之矣。”

卫鞅复见孝公。公与语，不自知厀之前于席也。语数日不厌。景监曰：“子何以中吾君？吾君之欢甚也。”鞅曰：“吾说君以帝王之道比三代，而君曰：‘久远，吾不能待。且贤君者，各及其身显名天下，安能邑邑待数十百年以成帝王乎？’故吾以强国之术说君，君大说之耳。然亦难以比德于殷周矣。”

——《史记·商君列传》

供参考的学习支架：

商鞅的治国之道	秦孝公的反应	孝公悦强国之术的原因	“道”的多样性背后的社会认识
帝道			
	厀之前于席也 语数日不厌		

活动 3：阅读《史记·商君列传》中商鞅为变法辩护的段落，分析其对社会结构与社会变迁关系的认识。

材料：

孝公既用卫鞅，鞅欲变法，恐天下议己。卫鞅曰：“疑行无名，疑事无功。且夫有高人之行者，固见非于世；有独知之虑者，必见敖于民。愚者闇于成事，知者见于未萌。民不可与虑始而可与乐成。论至德者不和于俗，成大功者不谋于众。是以圣人苟可以彊国，不法其故；苟可以利民，不循其礼。”孝公曰：“善。”甘龙曰：“不然。圣人不易民而教，知者不变法而治。因民而教，不劳而成功；缘法而治者，吏习而民安之。”卫鞅曰：“龙之所言，世俗之言也。常人安于故俗，学者溺于所闻。以此两者居官守法可也，非所与论于法之外也。三代不同礼而王，五伯不同法而霸。智者作法，愚者制焉；贤者更礼，不肖者拘焉。”杜挚曰：“利不百，不变法；功不十，不易器。法古无过，循礼无邪。”卫鞅曰：“治世不一道，便国不法古。故汤武不循古而王，夏殷不易礼而亡。反古者不可非，而循礼者不足多。”孝公曰：“善。”以卫鞅为左庶长，卒定变法之令。

供参考的学习路径：

（1）找出《名实的分离》中费孝通对社会结构与社会变迁关系的解说。

（2）找出资料文本中甘龙、杜挚不支持变法的理由以及商鞅反驳他们的主要观点。

（3）结合费孝通的观点，从孝公的立场分析商鞅在这场辩论中获胜的原因。

活动4：梳理《史记·商君列传》中商鞅变法的过程，结合“任务一”中“时势英雄”的标准为商鞅撰写推荐语。

供参考的学习路径：

（1）立足《名实的分离》中所说的“这里发生了‘文化英雄’，他提得出办法，有能力组织新的试验，能获得别人的信任。这种人可以支配跟从他的群众，发生了一种权力”，梳理商鞅如何获取民众的信任，推出了哪些举措，取得了什么成效。

（2）在前面几项活动的基础上，归纳商鞅的卓越之处。

（3）结合“任务一”中“时势英雄”的标准为商鞅撰写推荐语，注意推荐语的文体要求。

任务三：为“时势英雄”候选人之二阮籍写推荐语。

活动1：阅读《世说新语》中的记录，围绕“孝道”，对阮籍母丧期间的表现进行评析。

阮籍当葬母，蒸一肥豚，饮酒二斗，然后临诀，直言“穷矣！”都得一号，因吐血，废顿良久。

阮籍遭母丧，在晋文王坐进酒肉。司隶何曾亦在坐，曰：“明公方以孝治天下，而阮籍以重丧显于公坐饮酒食肉，宜流之海外，以正风教。”文王曰：“嗣宗毁顿如此，君不能共忧之，何谓！且有疾而饮酒食肉，固丧礼也！”籍饮啖不辍，神色自若。

——《世说新语·任诞》

活动 2：阅读下面的材料，发现从春秋到东汉士大夫对守丧三年理解的变化，借此分析“孝”这一道德品质名实分离的过程。

材料 1

宰我问：“三年之丧，期已久矣！君子三年不为礼，礼必坏，三年不为乐，乐必崩，旧谷既没，新谷既升，钻燧改火，期可已矣。”子曰：“食夫稻，衣夫锦，于女安乎？”曰：“安。”“女安！则为之！夫君子之居丧，食旨不甘，闻乐不乐，居处不安，故不为也。今女安，则为之！”宰我出。子曰：“予之不仁也！子生三年，然后免于父母之怀。夫三年之丧，天下之通丧也。予也有三年之爱于其父母乎？”

——《论语·阳货》

材料 2

身体发肤，受之父母，不敢毁伤，孝之始也。立身行道，扬名于后世，以显父母，孝之终也。夫孝，始于事亲，中于事君，终于立身。

孝子之丧亲也，哭不偯，礼无容，言不文，服美不安，闻乐不乐，食旨不甘，此哀戚之情也。三日而食，教民无以死伤生。毁不灭性，此圣人之政也。丧不过三年，示民有终也。

——《孝经》

材料 3

东汉士大夫风习，为后世所推美。他们实有尽多优点，但细为分析，似乎东汉士大夫常见的几许美德高行，不外如下列，其间都和当时的察举制度有关系。

一、久丧。（笺注：此为孝行。西汉重孝，尚少行三年丧者。东汉则“谓他人父”，对举主、故将亦多行孝三年，而父母之丧有加倍服孝者。）

三年之丧，自西汉中叶始渐见推行。东汉则行丧三年为常事，甚有加倍服丧者，甚至有行服二十余年者。（笺注：青州民赵宣，葬亲不闭埏隧，居其中，行服二十余年，乡里称孝；然五子皆服中生，陈蕃致其罪。孔融杀父死墓哭不哀者。）

——钱穆《国史大纲》

材料 4

过分看重道德之流弊，又可分两段言之：

一则道德乃人人普遍所应有，并非可以争高斗胜。若专以道德来分别人高下，便造成社会上种种过高非常不近人情的行为，而其弊且导人入于虚伪。

二则道德乃事事各具的一种可循之轨辙。若做事太看重道德，便流于重形式虚名而忽略了内容与实际。

——钱穆《国史大纲》

【学习建议】

（1）阅读第一则材料，了解孔子要求守三年之丧的理由，并找出最核心的一个字：安。

（2）阅读第二则材料，结合《名实的分离》中“注释”的概念，找出成书于秦汉之际，强调“忠”“孝”关联的《孝经》注入了哪些内容。

（3）阅读第三则材料，看看当孝行成为察举中最为重要的一科，东汉士大夫又用实际行为为“孝”道增加了哪些“注释”。

（4）结合第四则材料，理解第三则材料笺注中陈蕃、孔融的做法。

（5）整合前四步学习所得，分析孝道从春秋到东汉末年名实分离的过程。

活动3：梳理“反对”在不同的权力关系中的表现和遭际，分析阮籍“反对”的性质。

	横暴权力	长老权力	同意权力	时势权力
对“反对”的态度				
“反对”的形态				

	表面	内心
对“孝”的期待		
名实分离的东汉孝道		
阮籍所行之孝道		

材料：

季札说：“中国之君子，明于礼义而陋于知人心。”这是确的，大凡明于礼义，就一定要陋于知人心的，所以古代有许多人受了很大的冤枉。例如嵇阮的罪名，一向说他们毁坏礼教。但据我个人的意见，这判断是错的。魏晋时代，崇尚礼教的看来似乎很不错，而实在是毁坏礼教，不信礼教的。表面上毁坏礼教者，实则倒是承认礼教，太相信礼教。因为魏晋时代所谓崇尚礼教，是用以自利，那崇奉也不过偶然崇奉，如曹操杀孔融，司马懿杀嵇康，都是因为他们和不孝有关，但实在曹操司马懿何尝是著名的孝子，不过将这个名义，加罪于反对自己的人罢了。于是老实人以为如此利用，亵渎了礼教，不平之极，无计可施，激而变成不谈礼教，不信礼教，甚至于反对礼教。但其实不过是态度，至于他们的本心，恐怕倒是相信礼教，当作宝贝，比曹操司马懿们要迂执得多。

——鲁迅《魏晋风度及文章与药及酒之关系》

活动4：整合前三个活动的学习成果，立足对阮籍及其影响的认识，为阮籍撰写推荐语。

（1）《名实的分离》中说："在时势权力中，反对是发生于对同一问题不同的答案上。"结合下面的材料，概括阮籍提出的新的答案。

阮步兵丧母，裴令公往吊之。阮方醉，散发坐床，箕踞不哭。裴至，下席于地，哭；吊唁毕，便去。或问裴："凡吊，主人哭，客乃为礼。阮既不哭，君何为哭？"裴曰："阮方外之人，故不崇礼制；我辈俗中人，故以仪轨自居。"时人叹为两得其中。

——《世说新语·任诞》

盖无君而庶物定，无臣而万事理，保身修性，不违其纪。惟兹若然，故能长久。今汝造音以乱声，作色以诡形，外易其貌，内隐其情。怀欲以求多，诈伪以要名；君立而虐兴，臣设而贼生。坐制礼法，束缚下民。……夫无贵则贱者不怨，无富则贫者不争，各足于身而无所求也。……今吾乃飘飖于天地之外，与造化为友，朝飧汤谷，夕饮西海，将变化迁易，与道周始。此之于万物，岂不厚哉！

——阮籍《大人先生传》

（2）阮籍的影响。

陈留阮籍、谯国嵇康、河内山涛三人年皆相比，康年少亚之。预此契者，沛国刘伶、陈留阮咸、河内向秀、琅邪王戎。七人常集于竹林之下，肆意酣畅，故世谓"竹林七贤"。

——《世说新语·任诞》

魏末阮籍，嗜酒荒放，露头散发，裸袒箕踞。其后贵游子弟阮瞻、王澄、谢鲲、胡毋辅之之徒，皆祖述于籍，谓得大道之本。

——《世说新语·德行第一》"平子、胡毋彦国诸人，皆以任放为达"条刘孝标注引

嵇康、阮籍与何晏、王弼不同。王、何较严肃，有精密之思想系统，而嵇、阮则表现了玄学的浪漫方面，其思想不精密，却将玄学用文章与行为表达出来，故在社会上之影

响，嵇、阮反出王、何之上，而常被认为是名士之楷模。

——汤用彤《魏晋玄学论稿》

任务四：为“时势英雄”候选人之三鲁迅写推荐语。

活动 1：理解长老社会中“注释”的产生及其效用。

	定义	产生	效用	后果
注释				

活动 2：关联阅读，理解长老权力面对文化冲击时的抵抗。

（1）结合《礼治秩序》《无为政治》《长老统治》三章节的内容，罗列出当社会发生巨变，文化的稳定不复存在的情况下，乡土社会所面临的冲击和可能的变化。

（2）可从《阿 Q 正传》《头发的故事》《风波》《长明灯》等小说中寻找乡土社会对变迁的抵抗，理解费孝通所说的社会中各权力互相交割又此消彼长的状况。

（3）围绕“辛亥革命从‘革命’变成一个‘注释’”这句话，分析在一个固化的社会中，变迁发生的艰难曲折。

活动 3：剖析鲁迅在揭示“注释”本质和批判名实分离两个层面的贡献，撰写推荐语。

【学习建议】

可围绕“中国一向就少有失败的英雄，少有韧性的反抗，少有敢单身鏖战的武人，少有敢抚哭叛徒的吊客，见胜兆则纷纷聚集，见败兆则纷纷逃亡”这句话，结合《狂人日记》《肥皂》《高老夫子》《理水》等作品中的内容探究。

任务五：完善“时势英雄”标准，提出时代需求。

活动 1：整合“任务二”至“任务四”的收获，小组交流对“时势英雄”的进一步理解。

活动 2：质疑反思——“时势英雄”是不是“成功者”？

材料 1

商鞅变法的成效与时人对其评价的对比：

行之十年，秦民大说，道不拾遗，山无盗贼，家给人足。民勇于公战，怯于私斗，乡邑大治。

居五年，秦人富强，天子致胙于孝公，诸侯毕贺。

（赵良说商君）“今君之见秦王也，因嬖人景监以为主，非所以为名也。相秦不以百姓为事，而大筑冀阙，非所以为功也。刑黥太子之师傅，残伤民以骏刑，是积怨蓄祸也。教之化民也深于命，民之效上也捷于令。今君又左建外易，非所以为教也。君又南面而称寡人，日绳秦之贵公子……非所以为寿也。”

——《史记·商君列传》

材料 2

阮籍之名士风流在后人效慕中又一次名实分离，玄虚成为放诞，明哲保身变成了汰侈骄逸，儒家思想所有的公共理想也被消磨殆尽。

阮浑长成，风气韵度似父，亦欲作达。步兵曰：“仲容已预之，卿不得复尔。”

——《世说新语·任诞》

《世说新语·任诞》“阮浑长成”条刘注：《竹林七贤论》曰：籍之抑浑，盖以浑未识己之所以为达也。……是时竹林诸贤之风虽高，而礼教尚峻，迨元康中，遂至放荡越礼。乐广讥之曰：“名教中自有乐地，何至于此？”乐令之言有旨哉！谓彼非玄心，徒利其纵恣而已。

活动 3：结合上述思考，完善英雄标准，提出时代需求。

【学习建议】

（1）结合《名实的分离》中对社会变迁速率、权力关系关联消长等内容，尝试对当今时代的权力面貌作一些分析。

（2）针对社会局部残存的长老权力、某些层面存在的时势权力，写一封《从“无违”走向“容许反对”》的倡议书。

（3）提出新时代的英雄标准。

十四、从欲望到需要：乡土社会如何走向现代社会

《从欲望到需要》是《乡土中国》整本书的最后一篇文章，它和前一篇《名实的分离》

紧密关联，构成一个完整的逻辑体系。第 1—12 篇文章，作者将中国乡土社会作为一个静态社会来研究，而最后两篇文章《名实的分离》和《从欲望到需要》，则从社会变迁的角度来论述。

在《名实的分离》中，作者提到了“时势权力”这一概念。这种权力和横暴权力不同，它不建立在剥削关系之上；和同意权力也不同，它并不由社会所授权；和长老权力更不同，它并不根据传统。它是时势造成的。作者在《从欲望到需要》的开头指出：“提起了时势权力使我又想到关于社会变迁另一问题，也就是现在我们常常听到的社会计划，甚至社会工程等一套说法。很明显地，这套名字是现代的，不是乡土社会中所熟习的。”“人类发现社会也可以计划，是一个重大的发现，也就是说人类已走出了乡土性的社会了。在乡土社会里没有这想法的。在乡土社会人可以靠欲望去行事，而在现代社会中欲望并不能作人们行为的指导了，发生‘需要’，因之有‘计划’。从欲望到需要是社会变迁中一个很重要的里程碑。”接着作者用了大量的篇幅去区别“欲望”和“需要”两个概念，并举了很多例子，帮助读者来理解“欲望”和“需要”这两个概念，并加以区分。作者认为，欲望就是那个“要”，它在引导人类的行为，规定人类行为的方向，它是在人类生存事实中发生的，但因为这些欲望所引导出来的行为常常正合于人类生存的条件，所以它又是个文化事实。随着社会变迁，当原来的文化并不能有效地带来生活上的满足时，人类不能不推求行为和目的之间的关系了。人们发现了欲望并不是最后的动机，而是为了达到生存条件所造下的动机，于是由功能决定，人们把生存的条件变成了自觉，自觉的生存条件是“需要”。“需要”是现代社会里的一个概念，在这种社会里生活的人要依他们的需要去做计划，因此是具备理性的，是时势权力的产物；而“欲望”是乡土社会里的一个概念，乡土社会靠经验，不必计划，在时间过程中，自然替他们选择出一个足以依赖的传统的生活方案，各人依着欲望活动就得了。这就是作者的观点和基本行文逻辑。

同学们阅读时可能会产生这样一个疑问：为什么欲望是一个文化事实？欲望难道除了生存条件的欲望，就没有精神条件的欲望？欲望是不是一种习惯呢？如果不是，欲望和习惯有什么区别呢？作者在文中只注意到了欲望和需要的区别，那么，欲望和需要之间究竟是怎样的关系呢？欲望中是不是包含需要？或者反过来，需要中本身就包含某种欲望？对于社会学著作，同学们本身就感到陌生、难读，再加之年代久远，费孝通那时不可能预料到今天的社会变迁状况，尤其今天的中国乡村，已经发生了质的变化，同学们没有经历过那时的乡土社会，缺乏基本的经验，阅读《从欲望到需要》这篇文章就存在一定的障碍。

考虑到这些因素，我们设计了如下学习任务群。本任务群围绕“从欲望到需要：乡土社会如何走向现代社会？”这一话题从概念比较、内容梳理、批判质疑、拓展探究四个方面来设计学习任务。

【学习任务群框架】

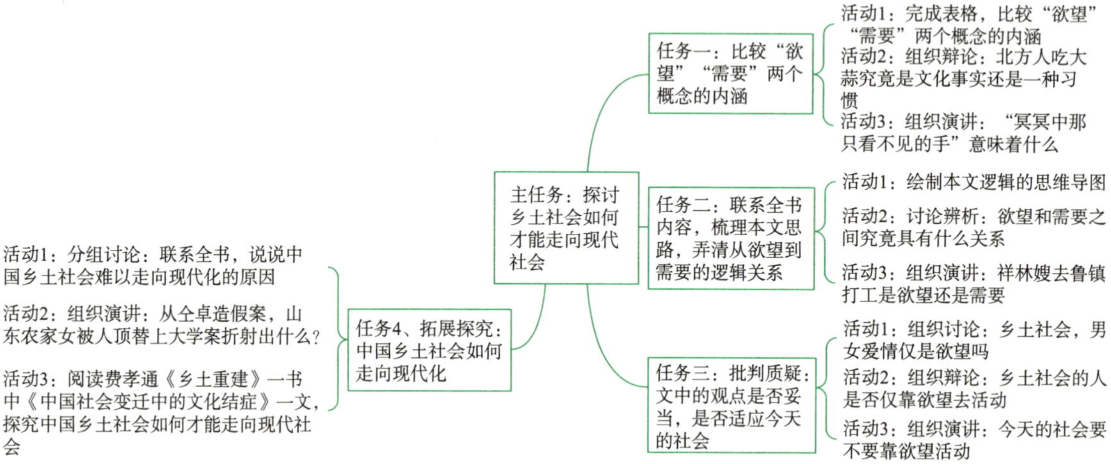

【学习活动设计】

任务一：比较“欲望”“需要”两个概念的内涵。

活动 1：比较“欲望”“需要”两个概念的内涵。

活动 2：组织辩论：北方人吃大蒜究竟是文化事实还是一种习惯？

活动 3：组织演讲：“冥冥中那只看不见的手”意味着什么？

【学习建议】

活动 1：要注意概念的内涵是涉及概念的本质性内容，不涉及范围。在文中先圈画所有跟“欲望”“需要”内涵有关系的内容，然后再列表比较。

学习支架：

概念名称	内涵
欲望	1. “要” 2. 人类在取舍之间的“根据” 3. 直接决定我们行为的自觉动机 4. 它常常正合于人类的生存条件，并非____事实，而是____事实。
需要	1. 由社会功能决定 2. 自觉的生存条件 3. 理性、科学化地去__________人们的行为

活动 2：确定正方、反方和主持人。

正方观点：北方人吃大蒜是文化事实，不是一种习惯。

反方观点：北方人吃大蒜不是文化事实，是一种习惯。

经全班同学投票，推选最佳辩手和获胜一方。

活动 3：对于“冥冥中那只看不见的手”，分析费孝通在文章中指的是什么，再结合自己的理解，说说它意味着什么。

材料：

在早期的思想史中，“看不见的手”的含义普遍是令人不快的。例如：英国—苏格兰文学作品中，最著名的看不见的手是麦克白（Macbeth）的远见。在第三幕中，就在晚宴和班柯（Banquo）的谋杀场面之前，麦克白向夜呼吁“用你那血腥而看不见的手”；他请求黑暗来掩盖他将要犯下的罪行：

来吧，蒙上了眼睛的夜晚，

用你那血腥而看不见的手

遮住可怜的白昼的温柔眼睛吧，

那张伟大的契约令我苍白无力

废除并把它撕成碎片吧。

斯密分别在三个十分不同的场合中使用了术语“看不见的手”。在斯密的《天文学史》（该文据说写于 18 世纪 50 年代，但是它被斯密所保存，在他去世后才发表出来）中第一次使用时显然是讥讽性的。斯密谈论多神论社会中人们的轻信，这些人认为诸如打雷与风暴等“大自然的无规律事件”是由“智慧但无形的存在——神、鬼、巫婆、精灵、仙人”决定的。它们不把神的支持归到“日常可见的事物”：“火燃烧，水冲刷；由于自身性质的自然规律，重物下降，而较轻的物质上升；宙斯的看不见的手从未用在那些事情上”。

第二次使用是在 1759 年出版的《道德情操论》中的一段话里，而且在斯密对这部著作后续修改的整个过程中这种使用保持不变。这里他用了一个不同的方式来讥讽。斯密形容了一些使人尤其不愉快的富裕的所有者，他们不关心人道或者公正，仅仅在“他们天生的自私与贪婪”的驱使下去追求满足“他们自己的虚荣和贪得无厌的欲望”。然而，他们的确雇用了上千贫穷的工人们来生产奢侈品：“他们被一只看不见的手所引导……来推进社会的利益，他们并未打算这样，也不知道它的存在。”

斯密第三次使用看不见的手是在《国富论》中与国际贸易有关的一章中。他强烈反对限制进口，反对支持这种限制的商人与制造商，他们形成了“一支过快膨胀的常备军”，“在许多场合威胁立法机关”。他说道，国内垄断对某一行业有利，但是对“整体的工业社会”不利。不过，如果没有任何进口限制，商人出于“他自己的保障”的考虑将仍然会倾向于支持国内产业。因此，他会促进“社会的”利益：“与许多其他情况一样，在这种情况下，一只看不见的手引导他去实现一个并非是他本意的目标。”

任务二：联系全书内容，梳理本文思路，弄清从欲望到需要的逻辑关系。

活动 1：绘制本文逻辑的思维导图。

活动 2：讨论辨析：欲望和需要之间究竟具有什么关系？

活动 3：组织演讲：祥林嫂去鲁镇打工是欲望还是需要？

【学习建议】

活动 1：先梳理本文内容，开头讲从欲望到需要是社会变迁中的一个很重要的里程碑，中间区别“欲望”和“需要”两个概念，最后总结现代社会要依他们的需要去做计划；乡土社会是靠经验的，不必计划，各人依着欲望去活动就行了。

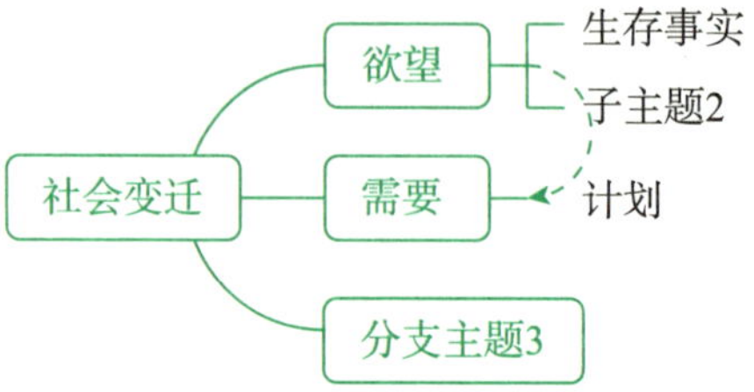

活动 2：细读费孝通在本文中有关“欲望”和“需要”的论述，再结合自己的理解，辨析“欲望”和“需要”之间的关系。

材料 1

五亩之宅，树之以桑，五十者可以衣帛矣。鸡豚狗彘之畜，无失其时，七十者可以食肉矣。百亩之田，勿夺其时，数口之家，可以无饥矣；谨庠序之教，申之以孝悌之义，颁白者不负戴于道路矣。

——《孟子·梁惠王上》

材料 2

孙中山早年穿西装，因为西装是进步开放的象征，晚年却请人设计了中山装，据说口袋纽扣等还具有意义，代表着“国之四维”“五权宪法”和“三民主义”等。甘地、卡斯特罗也有类似的变化。

如同孙中山一样，曼德拉也很快意识到西式的时尚服装不能为他的政治目的服务。20 世纪五六十年代，越来越多的种族隔离法律出台，抵抗运动也越来越激烈，曼德拉作为抵抗运动的领袖，很快就被当局视为危险人物。1962 年 8 月，他被逮捕，10 月 15 日，当局对他开庭审判。穿什么衣服出庭，至关重要，他决定回归非洲传统：“星期一早上，我披着一件传统的科萨族的豹子皮的 Kaross 进入法庭，我没有穿西装打领带。支持我的群众全都举起拳头振臂高呼：‘给我们力量！’人群就像充了电一样，其中很多是我的朋友和家人，许多人从我的老家特兰斯凯长途跋涉而来……我的背上肩负着我的人民的历史文化和传统。那天，我感觉到我代表着整个非洲民族，继承了非洲艰难但高尚的历史及其不可测的未来。”他以这件类似披肩的传统非洲 Kaross 作为对所有非洲力量的召唤，号召大家一起反对种族隔离制度。他达到了他的目的。

——选自恺蒂《曼德拉的衣着》，有删节

两则材料，一代表乡土社会，一代表现代社会，欲望和需要是不是截然不同呢？欲望中就没有需要吗？需要中是不是包含着某种欲望？请大家思考。

活动 3：将《祝福》改写成话剧，然后在班级内表演，同学们讨论，以便对祥林嫂到鲁镇打工是欲望还是需要的问题理解得更清楚些。然后再组织演讲。费孝通将欲望和需要绝对分为是乡土社会的和是现代社会的，是不是科学？值得思考。

任务三：批判质疑：文中的观点是否妥当？是否适应今天的社会？

活动 1：组织讨论：乡土社会，男女爱情仅是欲望吗？

活动 2：组织辩论：乡土社会的人仅靠欲望去活动吗？

活动3：组织演讲：今天的社会要不要靠欲望活动？

【学习建议】

活动1：细读本书有关章节，再联系第7篇《男女有别》，思考并讨论此问题。

材料：

芸作新妇，初甚缄默，终日无怒容，与之言，微笑而已。事上以敬，处下以和，井井然未尝稍失。每见朝暾上窗，即披衣急起，如有人呼促者然。余笑曰："今非吃粥比矣，何尚畏人嘲耶？"芸曰："曩之藏粥待君，传为话柄，今非畏嘲，恐堂上道新娘懒惰耳。"余虽恋其卧而德其正，因亦随之早起。自此耳鬓相磨，亲同形影，爱恋之情有不可以言语形容者。

——沈复《浮生六记》

活动2：按照费孝通的观点，乡土社会各人依着欲望活动就得了，到底是不是这样的，可以辩论。

确定正方、反方和主持人。

正方观点：乡土社会的人只要依着欲望活动就得了。

反方观点：乡土社会的人不仅仅依着欲望活动。

无论正方、反方，辩论的前提是基于对乡土社会的了解。

最后经全班同学投票，推选最佳辩手和获胜一方。

活动3：今天的社会包括城市和乡村，无论城市和乡村都和费孝通《乡土中国》中所反映的时代大相径庭，但人们存不存在乡土意识，值得思考；欲望，不仅仅是生存的欲望，还有精神方面的欲望，如名欲、权欲等。

任务四：拓展探究：中国乡土社会如何走向现代化？

活动1：分组讨论：联系全书，说说中国乡土社会难以走向现代化的原因。

活动2：组织演讲：仝卓造假案、山东农家女被人顶替上大学案折射出什么？

活动3：阅读费孝通《乡土重建》一书中《中国社会变迁中的文化结症》一文，探究中国乡土社会如何才能走向现代社会。

【学习建议】

活动1：细读全书相关章节，比如乡土社会的格局是差序格局，由这一格局决定，乡土社会维系着私人的道德，靠长老统治，是血缘社会，名实分离，依欲望行事，因此乡土社会基本上是静态的，变化很慢，固有的传统成为强大势力，时势权力较弱，这些都是中国乡土社会难以走向现代化的原因。当然，除了这些原因，其他原因也可探讨。

活动 2：事件回放

（1）仝卓造假案

2012 年，仝卓在北京参加高考，未能考中理想学校解放军艺术学院。由于该学校有只招收应届生要求，为了能第二年继续报考该校，仝卓的继父，时任临汾市人大常委会副秘书长、办公室副主任的仝天峰请托陕西省延安市有关人员为仝卓办理了虚假转学手续。随后，仝天峰又请托临汾市有关人员违规批准转学申请，并办理入学手续，使得仝卓取得了虚假的应届生学籍。

2013 年，仝卓以伪造的应届生身份参加了解放军艺术学院、中央戏剧学院等学校专业考试，同年 6 月参加高考，并被中央戏剧学院录取。

（2）山东农家女被人顶替上大学案

山东冠县的农家女陈春秀在报考成人高考时查证发现，自己 16 年前被人冒名顶替入读山东理工大学。冒名顶替他人上大学的女子陈某某，高考分数为 303 分（文科），比当年文科类专科分数线低 243 分；被顶替者陈春秀高考分数为 546 分（理工科），超出理科类专科分数线 27 分，考上了山东理工大学，但录取通知书却被陈某某获取。

这两个案件折射出当代中国社会仍沿袭着乡土社会的某些特征，比如差序格局所决定的维系着私人的道德，这些特征形成了强大的关系网。

活动 3：《中国社会变迁中的文化结症》是费孝通 1947 年 1 月 30 日在伦敦经济政治学院的学术演讲稿。下面摘录其中一段：

对于变迁的概念，我也想作一注脚。变迁是一个替易或发展的过程，从一种状态变成另一种状态。若要描写这过程，方便的是比较这两种状态的差别。但这是须在后起的局面多少已成形的时候才能有此方便。中国社会变成什么样子，现在还没有人敢说。所以我只能先说明传统的方式。传统的方式不但有记载可按，而且有现实的生活可查；关于新兴的方式则除了可以观察者外，只能参考所采取新的要素在其他社会里所引起的变迁了。我并不愿承认中国从西洋传入了新工具必然会变成和西洋社会相同的生活方式。我不过是借镜西洋指出这可能的趋向。

中国乡土社会如何才能走向现代社会？阅读《乡土重建》，结合《乡土中国》中的《名实的分离》和《从欲望到需要》两篇文章，我们对此可以作更为深入的探究。

第四章　思考与练习

一、阐释与论述

（一）《重刊序言》与《后记》

1. 简答题

如何理解《乡土中国》中的社会学？

2. 论述题

理清作者在《后记》中对社会学发展趋势的认识思路。

（二）《乡土本色》

1. 简答题

什么是“乡土社会”？

2. 论述题

（1）梳理本章的论证思路。

（2）分析本章和第二章、第三章的逻辑关系。

（3）从孔子说“孝”中理解乡土社会中人与人相处的基本方法。

孟懿子问孝。子曰：“无违。”樊迟御，子告之曰：“孟孙问孝于我，我对曰，无违。”樊迟曰：“何谓也？”子曰：“生，事之以礼；死，葬之以礼，祭之以礼。”

孟武伯问孝。子曰：“父母唯其疾之忧。”

子游问孝。子曰：“今之孝者，是谓能养。至于犬马，皆能有养；不敬，何以别乎？”

子夏问孝。子曰：“色难。有事，弟子服其劳；有酒食，先生馔，曾是以为孝乎？”

宰我问：“三年之丧，期已久矣！君子三年不为礼，礼必坏；三年不为乐，乐必崩。旧谷既没，新谷既升，钻燧改火，期可已矣。”子曰：“食夫稻，衣夫锦，于女安乎？”曰：“安。”“女安！则为之！夫君子之居丧，食旨不甘，闻乐不乐，居处不安，故不为也。今女安，则为之！”宰我出。

（三）《文字下乡》及《再论文字下乡》

1. 简答题

作者认为乡土社会是个“面对面社群”，结合《文字下乡》及《再论文字下乡》两章的内容，谈谈你对“亲密社群”“熟人社会”“定型生活”的理解。

2. 论述题

在作者看来，文字怎样才能真正地“下乡”？

（四）《差序格局》

简答题

阅读《差序格局》这一章节，请说一说这一章中费孝通先生的论证逻辑。

（五）《维系着私人的道德》

1. 解释以下概念

（1）差序格局

（2）团体格局

（3）道德观念

（4）伸缩性

2. 分析作者在该章使用的论证方法。

（六）《家族》

1. 名词解释

（1）家庭

（2）氏族

（3）事业社群

2. 简答题

简要说明本章作者是如何论述乡土社会家族的特点的。

（七）《男女有别》

简答题

（1）从“亚普罗式”“浮士德式”两种文化定向的角度，分析乡土社会和现代社会的区别。

（2）分析本章和《家族》一章的逻辑关系。

（八）《礼治秩序》

1. 解释概念

（1）人治

（2）法治

（3）礼治

2. 阐释题

文中说：“维持礼这种规范的是传统。”中国有许多优良传统，请从中举出3种，并阐明其对维护现实社会良好秩序所起的作用。

（九）《无讼》

1. 简答题

什么是“无讼”？

2. 论述题

（1）分析“殴伤奸夫案”的论证作用。

（2）“吃讲茶”是成都等地的一种古老淳朴的民俗遗风。乡民间发生纠纷，双方当事人如果无法自行解决，往往会请亲朋好友到茶馆“评理”，并邀请当地德高望重的人物出面调解。在场的人们每人一碗茶，纠纷双方叙说原委后，由调解人仲裁。谁家理亏了就得付茶钱，并向对方赔礼道歉。如果双方都有理，便各付一半茶钱。初来茶馆时纠纷双方都气势汹汹，经过评理调解后，往往能握手言和。

试用本章观点评述“吃讲茶”这一现象。

（十）《长老统治》

1. 简答题

什么是“教化权力”？

2. 论述题

作者认为，乡土社会是长老统治的社会，不能用民主和不民主的尺度来衡量。对此该如何理解？请你结合前三章内容作简要分析。

（十一）《无为而治》

1. 简答题

辨析“权力”和“权威”这两个社会学的核心概念。

2. 论述题

根据文意，并查阅秦汉时期的历史资料，论述“农业性的乡土社会”和皇权的确立之间的关系。

（十二）《血缘与地缘》

1. 为概念下定义

（1）血缘

（2）地缘

2. 简答题

“亲密社团的团结性就依赖于各分子间都相互地拖欠着未了的人情。”亲密社团中既无法不互欠人情，也最怕“算账”。“算账”“清算”等于绝交之谓，因为如果相互不欠人情，也就无需往来了。你是否赞同这种说法？在生活中你是否有这样的经历或感受？

（十三）《名实的分离》

1. 根据下列信息，判断秦始皇、曹操、王志三人的权力性质。

《史记·秦始皇本纪》：

始皇为微行咸阳，与武士四人俱，夜出逢盗兰池，见窘，武士击杀盗，关中大索二十日。米石千六百。……丞相李斯曰：“……臣请史官非秦记皆烧之。非博士官所职，天下敢有藏诗、书、百家语者，悉诣守、尉杂烧之。有敢偶语诗书者弃市。以古非今者族。吏见知不举者与同罪。令下三十日不烧，黥为城旦。所不去者，医药卜筮种树之书。若欲有学法令，以吏为师。”制曰：“可。”

曹操《求贤令》：

自古受命及中兴之君，曷尝不得贤人君子与之共治天下者乎？及其得贤也，曾不出闾巷，岂幸相遇哉？上之人求取之耳。今天下尚未定，此特求贤之急时也。

“孟公绰为赵、魏老则优，不可以为滕、薛大夫。”若必廉士而后可用，则齐桓其何以霸世！今天下得无有被褐怀玉而钓于渭滨者乎？又得无有盗嫂受金而未遇无知者乎？

二三子其佐我明扬仄陋，唯才是举，吾得而用之。

《梁书·列传第十五》：

（王志）寻除宣城内史，清谨有恩惠。郡民张倪、吴庆争田，经年不决。志到官，父老乃相谓曰：“王府君有德政，吾曹乡里乃有此争。”倪、庆因相携请罪，所讼地遂为闲田。

（1）秦始皇的权力性质

（2）曹操的权力性质

（3）王志的权力性质

2. 分析韩愈在《讳辩》中是如何抨击名实分离现象的。

讳辩（韩愈）

愈与李贺书，劝贺举进士。贺举进士有名，与贺争名者毁之，曰贺父名晋肃，贺不举进士为是，劝之举者为非。听者不察也，和而唱之，同然一辞。皇甫湜曰：“若不明白，子与贺且得罪。”愈曰：“然。”

律曰：“二名不偏讳。”释之者曰：“谓若言‘征’不称‘在’，言‘在’不称‘征’是也。”律曰：“不讳嫌名。”释之者曰：“谓若‘禹’与‘雨’、‘丘’与‘蓲’之类是也。”今贺父名晋肃，贺举进士，为犯二名律乎？为犯嫌名律乎？父名晋肃，子不得举进士，若父名仁，子不得为人乎？夫讳始于何时？作法制以教天下者，非周公孔子欤？周公作诗不讳，孔子不偏讳二名，《春秋》不讥不讳嫌名，康王钊之孙，实为昭王。曾参之父名皙，曾子不讳昔。周之时有骐期，汉之时有杜度，此其子宜如何讳？将讳其嫌遂讳其姓乎？将不讳其嫌者乎？汉讳武帝名彻为通，不闻又讳车辙之辙为某字也；讳吕后名雉为野鸡，不闻又讳治天下之治为某字也。今上章及诏，不闻讳浒、势、秉、机也。惟宦官宫妾，乃不敢言谕及机，以为触犯。士君子言语行事，宜何所法守也？今考之于经，质之于律，稽之以国家之典，贺举进士为可邪？为不可邪？

凡事父母，得如曾参，可以无讥矣；作人得如周公孔子，亦可以止矣。今世之士，不务行曾参周公孔子之行，而讳亲之名，则务胜于曾参周公孔子，亦见其惑也。夫周公孔子曾参卒不可胜，胜周公孔子曾参，乃比于宦者宫妾，则是宦者宫妾之孝于其亲，贤于周公孔子曾参者邪？

（十四）《从欲望到需要》

1. 为概念下定义

（1）欲望

（2）需要

2. 文中举北方人吃大蒜的例子，来证明欲望是文化事实的观点，你认为妥当吗？请说明理由。

二、思考与探究

（一）《重刊序言》与《后记》

请分析《红楼梦》中丫环小红命运的变化所体现的社会学因素。

（二）《乡土本色》

铁凝小说《哦，香雪》中的香雪是中国乡土文学作品中富有代表性的女性形象，香雪理想中的家乡是“那时台儿沟的姑娘不再央求别人，也用不着回答人家的再三盘问。火车上的漂亮小伙子都会求上门来，火车也会停得久一些，它会向台儿沟打开所有的门窗”。

“香雪”是20世纪80年代的文学形象，在21世纪20年代的今天，“香雪们”的愿望实现了吗？为什么？请思考原因，为今天乡土社会的发展写一份调查报告。

（三）《文字下乡》及《再论文字下乡》

1. 作者在《文字下乡》中谈到文字和语言的限制，你在生活中有受到文字或语言限制的经验吗？请联系实际经验谈谈你的理解。

2. 联系中国社会现代化和城镇化加快的现实，探究城乡差异缩小对文字下乡产生的作用。

（四）《差序格局》

阅读材料，请分析“冲冠一怒为红颜”的吴三桂的行为到底是属于个人主义还是自我主义。

李自成起义军攻占北京，崇祯皇帝朱由检自缢于煤山，明亡。镇守山海关的明将吴三桂闻知爱妾陈圆圆为起义军将领刘宗敏所得，父吴骧被起义军所执，怒而不降李自成，却引清兵入关，以致山海关之战李自成失利，而怒杀吴骧全家。“恸哭六军俱缟素，冲冠一怒为红颜”写的就是此事。其意思是说：吴三桂自云是国之“忠臣”，家之“孝子”，为雪国仇家恨，令几万大军为崇祯帝戴孝，一派哀兵模样与李自成交战，其实吴三桂的“冲冠一怒”只不过是为了夺回爱妾陈圆圆罢了。

——张同泽《恸哭六军俱缟素，冲冠一怒为红颜》

（五）《维系着私人的道德》

生活中一些人办事往往喜欢四处“找关系”，这体现了乡土社会道德观念怎样的特点？

（六）《家族》

在城市化进程日益加快的时代，我国乡村日渐走向没落，而“乡土社会”似乎也渐行渐远。但是，乡村对于大多数中国人来说依然是情感的寄托，是留不住但是依然想留住的地方。面对留不住的乡村，从乡土中国的角度出发，结合差序格局、家族、血缘与地缘等概念，我们可以做哪些努力？

（七）《男女有别》

《水浒传》108将中的三位女将——孙二娘、顾大嫂、扈三娘身上的“女汉子”特点体现在哪些方面？

（八）《礼治秩序》

学习完《乡土中国》中的《礼治秩序》这一章节，请思考礼治、法治两者在当今社会中的关系是怎样的。

（九）《无讼》

小王大学毕业做了村官，村里发生了如下纠纷：

黔东南州某县杨某某，女，75 周岁，1959 年其丈夫前妻不幸去世，留下两个幼儿无人照顾，同年，善良的杨某某在乡亲的撮合下与丈夫结合，承担起一个母亲和妻子的责任，照顾起这样一个不幸的家庭，赢得乡里的称赞，后又生育三子一女。在日子刚刚好起来的时候，丈夫于 1985 年因病去世。杨某某独自担负起家庭的重担，一边做农活，一边在县城打工，做过搬运工、泥水工，最艰难的时候还悄悄地去卖血，吃尽了人世间的苦，把孩子拉扯大。孩子们成家后，老人按地方风俗随小儿子居住。其他子女只是逢年过节来看望老人，也买些礼物或者日用品，但是没有按月支付赡养费。2008 年之后，老人身体越来越差，患有多种老年性疾病，而各儿女来陪伴、看望老人的次数也越来越少。小儿子也是农民，有一儿一女，除了做农活外，就靠在当地打工维持家用，家庭负担重，不能保证老人的医疗、营养等所需费用，村委会考虑到老人的实际困难，给予老人农村低保户待遇。2011 年，老人的三个儿子背着老人和其他姊妹对老人的宅基地、房屋等进行了分割，签订了分家的《协议书》。2012 年初，因为小儿子要翻修房屋，遭到两个哥哥的反对，两个哥哥要求按《协议书》对祖业进行分家析产，从而引发了分家析产纠纷。老人得知三兄弟的分家析产《协议书》后，表示了反对，并要求所有子女按月支付赡养费。大儿子、二儿子已经分家另过，母亲跟随小儿子生活，按照母随幺儿的习俗，其他子女以无义务按月支付赡养费为由拒绝支付。

如果你是小王，请你根据本章内容，为解决这一纠纷写一份调解方案。

（十）《长老统治》

随着大量农村劳动力涌入城市，现代农村中出现了严重的留守儿童问题，农村的教化权力被不断弱化。请你就如何增强农村中的教化权力建言献策。

（十一）《无为而治》

请结合西汉初年休养生息的历史，来阐述无为政治的历史合理性。

（十二）《血缘与地缘》

现代社会中常听到“熟人是宝”的说法，但又频频出现“杀熟”现象，以致有“熟人生意难做”之说。对此你有何感想？请以血缘社会理论加以分析。

（十三）《名实的分离》

认可同意权力是法治时代的趋势。阅读下面这段话，结合你对同意权力特征的理解，把最后一句话写完整。

莫言说过这样一段话：

“上世纪（20 世纪）60 年代，学校里组织我们去参观一个苦难展览，我们在老师的引领下放声大哭，为了能让老师看到我的表现，我舍不得擦去脸上的泪水，我看到有几位同学悄悄地将唾沫抹到脸上冒充泪水，我还看到在一片真哭假哭的同学之间，有一位同学，脸上没有一滴泪，嘴巴里没有一点声音，也没有用手掩面，他睁着眼看着我们，眼睛里流露出惊讶或者是困惑的神情。事后，我向老师报告了这位同学的行为。为此，学校给了这位同学一个警告处分。多年之后，当我因自己的告密向老师忏悔时，老师说，那天来找他说这件事的，有十几个同学。这位同学十几年前就已去世，每当想起他，我就深感歉疚，这件事让我悟到一个道理，那就是：当众人都哭时，____________________。

（十四）《从欲望到需要》

余华的《活着》讲述了农村人福贵悲惨的人生遭遇。福贵本是个阔少爷，可他嗜赌如命，终于赌光了家业，变得一贫如洗。他的父亲被他活活气死，母亲则在穷困中患了重病，福贵前去求药，却在途中被国民党抓去当壮丁。经过几番波折回到家里，才知道母亲早已去世，妻子家珍含辛茹苦地养大两个儿女。此后更加悲惨的命运一次又一次降临到福贵身上，他的妻子、儿女和孙子相继死去，最后只剩福贵和一头老牛相依为命，但老人依旧活着，仿佛比往日更加洒脱与坚强。

你认为在富贵身上，哪些地方体现了欲望？哪些地方体现了需要？像富贵这样的人，要走进现代社会，需要什么条件？

参考答案

一、阐释与论述

（一）《重刊序言》与《后记》

1. 简答题

通过实地的社区研究和对社会结构的分析，采用比较研究的方法，对乡村社区、文化传承、道德秩序、社会变迁和规范等社会现象进行的研究。

2. 论述题

《后记》中既写到作者对社会学的认识和见解，也有对西方社会学发展的提炼和总结。作者从自己的实地调查和“魁阁”研究入手，阐述他所认识的现代社会学的趋势。

首先从这一词汇的发明者孔德入手，介绍了社会学随时代变化，看似发展，实则脱离了社会学范畴；之后，社会学由社会制度转向对社会现象的研究，形成众多派别；苏洛金企图整合调和各学派，招致作者讽刺；作者觉得研究社会学应由点（社区）到面（乡村社会）进行研究，这样就形成了“格式”，但对之也有不同的理解，最终要以社区为具体研究对象；社区分析让人类学和现代社会学有共通之处，也维系了社会综合性，确定了社会学的基础；最后，作者指出了社会学的两个方向：把社区分析让给新兴的社会人类学，由“社会学”进行社会行为形式的研究。

（二）《乡土本色》

1. 简答题

“乡土社会”是中国基层传统社会里的一种社会空间存在，既包括乡村也包括城镇。其特征有三点：人们亲近和依赖土地；人和空间的关系固定，缺乏流动性；熟悉的社会，尊崇礼俗（规矩）而不重“法理”。

2. 论述题

（1）作者围绕“乡土社会是一个怎样的社会”这一点，由乡下人的“土气”，引向对中国传统社会小农经济完全要依靠土地这一现象的描述，得出观点：因为“土”的滋养，才有了“面朝黄土背朝天”的传统农业，有了聚村而居，与世无争的传统生活，有了生生不息的中国传统文化；进而作理论升华，论证乡土社会结构为何是稳定的；最后引申出重要的学术论点：“乡土社会是一个熟悉的社会，没有陌生人的社会。”

（2）第一章：乡土社会的本色是土气，产生了生于斯、死于斯的熟悉的社会模式；第二章：从空间格局上来看，乡土社会是熟悉的面对面社群，不需要文字；第三章：从时间格局上来看，乡土社会是稳定社会，不构成阻隔，不需要文字。

前三章之间的逻辑关系：乡土社会的本色决定了它不需要文字的文化特点，第一章与第二章、第三章构成本质和现象的关系。

（3）孔子并没有抽象地说明“孝”是什么，而是列举具体的行为：无违、疾忧、能养、色难等，最后甚至归结到“心安”二字。乡土社会人的熟悉不需要抽象普遍的原则，只需要在接触所及的范围之中知道从手段到目的间的个别关联。

（三）《文字下乡》及《再论文字下乡》

1. 简答题

亲密社群：乡土社会是一个在空间上不受阻隔的“面对面社群”，生活在乡土社会的“熟人”在生活上互相合作、天天见面，彼此熟悉到不必通报姓名，甚至仅凭足声、声气就可以辨别对方是谁；彼此亲密到拥有“特殊语言”，在交流时甚至连语言都不需要。

熟人社会：乡土社会中每个人都在熟人中、在熟悉的地方出生长大，且历世不移，从而使人和人、人与物之间形成了最为熟悉的社会关系的村落式社会形态。

定型生活：在一个历时不变的生活环境中有着深入生理基础的习惯，有既定的生活工作节奏和无需记忆的生活形态。

2. 论述题

文字下乡，不是因为乡下人所谓的“愚”，提倡文字下乡必须考虑到文字和语言的基础。经济基础决定上层建筑，乡土社会只有经历现代化、城镇化，才能像现代都市那样需要文字这个工具帮助生活，使文字成为生活的需要，文字才能真正下乡。

（四）《差序格局》

简答题

在文中，费孝通先生首先阐述了乡土社会中“私”的问题是群己、人我界限划分不清的问题；接着，费先生用捆柴做比喻，说明西洋是团体格局，界限分明，争的是权；然后，用波纹做比喻，说明乡土社会是差序格局，界限不清楚，因为圈子具有伸缩性，会因中心势力的变化而改变圈子的大小，乡土社会是在攀关系、讲交情；再接着分析差序格局中公和私是相对的，可以因私废公，团体格局中个人不能侵犯大家的权利；最后，总结得出差序格局中社会关系是私人关系构成的网络，因而社会道德也只在私人联系中发生意义。

（五）《维系着私人的道德》

1. 解释以下概念

（1）差序格局：中国乡土社会是不同于西洋团体格局的差序格局，以个人为中心，向外衍生出一层层涟漪般的圈子来，最里面一层是家庭，然后是亲戚、朋友、社会，这些圈子也随个人势力的变化而变化，大小不定。①

（2）团体格局：西洋社会有些像我们在田里捆柴，几根稻草束成一把，几把束成一扎，几扎束成一捆，几捆束成一挑。每一根柴在整个挑里都属于一定的捆、扎、把。每一根柴也可以找到同把、同扎、同捆的柴，分扎得清楚不会乱的。在社会，这些单位就是团体。西洋社会组织常常由若干人组成一个个的团体。团体是有一定界限的，谁是团体里的人，谁是团体外的人，不能模糊，一定分得清楚。在团体里的人是一伙，对于团体的关系是相同的，如果同一团体中有组别或等级的分别，那也是先规定的。一个人可以参加好几个团体。

（3）道德观念：道德观念是在社会里生活的人自觉应当遵守社会行为规范的信念。它包括行为规范、行为者的信念和社会的制裁。它的内容是人和人关系的行为规范，是依着该社会的格局而决定的。从社会观点说，道德是社会对个人的制裁力，使他们合于规定下的形式行事，用以维持该社会的生存和绵续。②

（4）伸缩性：中国的道德和法律，都因之得看所施的对象和“自己”的关系而加以程

① 费孝通著．乡土中国［M］北京：北京大学出版社，2012，42.

② 费孝通著．乡土中国［M］北京：北京大学出版社，2012，51.

度上的伸缩。一切普遍的标准并不发生作用，一定要问清了，对象是谁，和自己是什么关系之后，才能决定拿出什么标准来。①

2. 对比论证：例如作者先从“建筑在团体和个人的关系上”的西方“团体格局”中的道德观念谈起，之后再谈“差序格局”中的道德体系，将两者进行对比，来突出“差序格局”中的道德体系的特点。

引用论证：例如大量引用《论语》中的话来论述“伦”的内涵。

举例论证：例如作者举隐讳贪污现象来论证“差序格局”下道德观念具有伸缩性这一特点。

（六）《家族》

1. 名词解释

（1）家庭：是亲子构成的生育社群，亲子关系是构成，生育是主要功能。与学校、国家等具有长期性功能的社群不同，具有短暂性的特点。

（2）氏族：根据单系亲属原则所组成的社群，是一个事业组织，除生育功能外，还承担了政治、经济、宗教等复杂的功能。乡土社会的差序格局下，利用亲属的伦常组合社群，经营各种事业，使得家具有氏族性，区别于一般的家庭。

（3）事业社群：乡土社会的家就是个具有绵续性的事业社群，因为它还承担了除生儿育女以外的事业功能。家的大小也由事业的大小而决定，出于事业的需要，家的主轴是在父子、婆媳之间，成员之间排斥普通的感情而讲求效率和规则，夫妇得相敬、亲子间讲究负责和服从，这些都是事业社群的特点。

2. 简答题

对比论证：通过对比西洋家庭和乡土社会“小家族”，说明两者在结构、功能和性质上存在不同。乡土社会的家族在结构上是一贯的、单系的差序格局；除了生儿育女之外还，承担政治、经济、宗教等功能，因而是一个事业社群，具有绵续性。

① 费孝通著．乡土中国［M］北京：北京大学出版社，2012，57.

（七）《男女有别》

（1）简答题

论证方法	对比论证	
社会	乡土社会	现代社会
感情定向	亚普罗式	浮士德式
两性关系	男女间不发生激情，不必求同，生活上、心理上隔离，事业上合作关系	不断探索两性差异，并无穷止地求同，以克服差异
社会结构	边界模糊，父子为主、夫妻为辅的家族结构	以边界清晰的家庭作为基本社群，夫妻为主，子女为辅
行为目的	维持、接受现有秩序	不以实用为目的，是生命意义的创造

（2）本章和《家族》一章逻辑关系如下：

《家族》章节是《男女有别》章节展开论述的基础。

《家族》：家族是绵续性的事业社群，它的主轴是在父子之间、婆媳之间，是纵的，不是横的。夫妇成了配轴，因事业的需要而排斥了私情。

《男女有别》：家族作为事业社群，纪律排斥私情。在夫妇间的生理、心理上造成隔离，夫妻间感情淡漠、分工合作。这些都是事业社群里的特色。

（八）《礼治秩序》

1. 解释概念

（1）人治：人治是“法治”的对称。人治就是个人或少数人因历史原因掌握了社会公共权力，以军事、经济、政治、法律、文化、伦理等物质的与精神的手段，对社会绝大多数的其他成员进行等级统治的社会体制。人治是儒家学说倡导的一种治国理论，被封建统治者长期奉为正统思想。

（2）法治：法治是指以民主为前提和基础，以严格依法办事为核心，以制约权力为关键的社会管理机制、社会活动方式和社会秩序状态。法治的优越性是相对于人治而言的，而这种优越性主要体现在：第一，法治社会的法律作为成文的衡量是非对错的标准，由于没有特别针对某一部分人群，所以具有普遍适用性；第二，由于条文明确规范，所以能够约束社会中每个人和每个团体的行为；第三，法律不随时间或者具体应用情况而改变，这保证了法律的公正性和权威；第四，法治社会的法律出发点为保证每个社会成员的基本权利和自由，这为法律制定的本身提供了正当性。而对于以上的每一条，人治社会都无法给予保证。

（3）礼治：社会公认的行为规范。儒家所提倡的一种统治方式。礼，指维护贵族等级秩序的一整套社会规范和道德规范，包括政治制度、社会和家庭伦理道德规范、仪式等。儒家自孔子起即提倡礼治，要求统治阶级和人民都要各安名位，遵守礼制，以便于巩固统治阶级内部秩序和更有效地统治人民。

2. 阐释题

示例：诚信。诚信对维护人与人之间的关系、良好的市场秩序都起到很好的保证作用。

（九）《无讼》

1. 简答题

在理想的乡土社会中，人们认为打官司是一件可羞的事，表示没有教化好，这就是无讼。有了礼治的存在，人们主动服膺道德传统，克己复礼，将其内化于心。发生了纠纷后，靠长老调解，理想的社会是没有法律和诉讼的。

2. 论述题

（1）“殴伤奸夫案”是作为事实材料，具体有力地论证：司法制度在乡间发生了很特殊的副作用，它破坏了原有的礼治和秩序，但并不能有效地建立起法治秩序，从而进一步论证要先在社会结构和思想观念上进行改革才能推行法治的必要性。

（2）纠纷在变成法律诉讼前，尽量在茶馆调解解决，反映了民间社会的自治能力，是礼治秩序的体现。如果能够处理得公平得当，平息纠纷，有利于促进无讼社会的形成。但是，可能由于调解人的偏见和偏袒，“吃讲茶”便不能完全公平地处理各种纠纷，甚至会使矛盾激化，因此要避免这些问题的发生，在处理社区具体问题时，就要将礼治和法治结合起来，以法律为依据，以保障公平与理性。

（十）《长老统治》

1. 简答题

“教化权力”又称“长老权力”，它是乡土社会继替过程中所发生的一种教化性的权力。它以稳定的文化传统为依据，遵从长幼有序的原则，带有文化性强制的特点。它的作用是维护乡土社会的稳定性。

2. 论述题

在乡土社会的权力结构中，不民主的横暴权力受到农业经济水平的限制，民主的同意权力受到分工体系不发达的局限，两者都不能成为乡土社会权力结构的主导。因而乡土社会名义上是“专制”“独裁”的，而人民的实际生活是松弛的、无为的。主导乡土社会的权力是不同于横暴权力和同意权力的长老权力，它既非民主，又异于不民主的专制。它是一种教化性的权力，使人们经过教化主动服膺于“礼”。所以说，乡土社会是长老统治的礼俗社会，不能用民主和不民主的尺度来衡量。

（十一）《无为而治》

1. 简答题

权力是实际的关系，而权威是合法的关系，从这个意义上说，权威可以称为“合法的权力”，即权威是权力取得合法的地位和角色才形成的。两者的不同在于权力任何时候都依附于个人的人格；而权威则是永远与社会地位和社会角色结合在一起，即在这个社会角色上就有这个权威。

2. 论述题

在《无为政治》一章中，费孝通认为“农业性的乡土社会”是皇权的发祥地，以汉武帝时期的历史为例：汉武帝在治理国家过程当中对于农业是非常重视的，他把“人民以食物为天”这句话作为宗旨，而为了让农民们能够把时间和精力都尽可能用到农业上，汉武帝也采取了一系列的措施来稳固当时国家的这种经济，让农民的生活能够基本上稳定。这些措施就包括通过迁移东方的大族，打压当地的地主豪强，并且没收商人的土地，开发荒地，用这样的方式来扩大国家的土地，以及通过一些制度来保证农民有充足的土地。他还推行了一种制度，来增加农民们耕地的使用面积。汉武帝也非常重视水利建设，西汉时期，全国修建水利的鼎盛期就是在汉武帝统治的时候出现的。而且汉武帝还多次下诏免除赋役，并把粮食衣服这样的基本物资分给百姓们。这一系列的仁政措施安抚了人民，让阶级的矛盾和社会的矛盾都得到了一定的缓和。并且汉武帝一直将大力发展农业作为行政的第一大事，他觉得如果没有很好的农业，社会的成员就会没有了衣食的来源，这样也就无法保证政权的稳固、国家的强盛、社会的安定。

（十二）《血缘与地缘》

1. 为概念下定义

（1）血缘：人与人的权利和义务根据亲属关系来决定。

（2）地缘：从商业里发展出来的社会关系，地缘是血缘的投影。血缘是身份社会的基础，而地缘是契约社会的基础。

2. 简答题

观点 1

同意，比如许多电视剧中男主和女主都是因为欠人情，而产生了纠葛，最后才幸福美满地在一起。在现实生活当中，我们的友谊很多是因为欠人情而产生的，又或者说因为欠人情而更加牢固，朋友的朋友也因为欠人情而关系更加牢固。这就像织成了一张大网，紧密而富有弹性。

观点 2

不同意，比如马克思和恩格斯，他们能够建立起友谊并不是因为人情，而是因为他们有共同的信仰。同样，革命先烈们能够团结一致为革命奋斗也不是因为欠人情，而是因为他们有共同的信仰。也有很多团体因为兴趣等组织在一起，这种联系比人互欠情之类的利益联系更为牢固。

（十三）《名实的分离》

1. 判断秦始皇、曹操、王志三人的权力性质。

（1）秦始皇——横暴权力

（2）曹操——时势权力

（3）王志——长老权力

2. 韩愈在《讳辩》中如何抨击名实分离现象：

作者先引律，即引证《礼记》有关律中的“二名律”“嫌名律”的确切定义，给出名讳的清晰界限，从理论上推翻了主张李贺因父名“晋肃”不得考进士的所谓“理由”。随后，再引国家之典，即查考古今有关“名讳”的记载，从事实上予以辩驳，充分地揭示了“毁之者”所叫嚣的并不合乎社会的典则，而是将典则扭曲后成为攻击他人的武器。最后一段中，更是直接表明，这些人不致力学习曾参、周公、孔子的品行，却在避讳亲人的名字这件事情上一定要超过曾参、周公、孔子，点出了名实分离带来的虚伪，让人思考务虚避实带来的危害。

（十四）《从欲望到需要》

1. 为概念下定义

（1）欲望是在乡土社会中人们基于生存事实的文化事实，是引导人们进行符合生存条件的行动的内在欲求。

（2）需要是乡土社会向现代社会变迁过程中，人们出于理性和计划而自觉得出的生存条件。

2. 说明理由

示例一：我认为妥当。诚如作者在文中所说，北方人有吃大蒜的欲望，并不是遗传的，而是从小养成的。这是由文化决定的。

示例二：我认为不妥当。吃大蒜本身是一种口味，北方人吃大蒜不是文化决定的，跟口味有关，并且北方人也不是人人都吃大蒜，就如同南方人不一定人人都不吃大蒜一样，跟文化没关系。

二、思考与探究

（一）《重刊序言》与《后记》

小红只是贾府怡红院的一个下等丫环，一开始被其他丫头瞧不起，最后通过自己的“努力”逆袭成功，得到了王熙凤的宠爱。小红命运之所以能出现如此巨大变化，主要是具备了三个条件：善抓机会（瞅准机会给宝玉倒茶，抓住时机给王熙凤办事）、自身能力（传话思维敏捷，旁人不及）、稳重不躁（得到王熙凤重用后不张扬）。

社会学是系统地研究社会行为与人类群体的学科。曹雪芹在《红楼梦》中研究了众多人物的行为，上至“金字塔尖”的贾母，下至地位低下的丫环，这些人物个性不一，各具特点，但都在大观园这一小小的群体社会中发生了各自的命运变化。对《红楼梦》人物的具体研究，也能窥见社会学的一个侧面。

（二）《乡土本色》

一方面，在 21 世纪 20 年代的今天，乡土社会的“土气”仍然是落后的代名词，乡村的多数青年男女进城务工挣钱，留守者是老弱病残，市场经济的冲击造成了乡村凋敝的现状。另一方面，面对乡村的凋敝，中国文化传统中根深蒂固的乡土情怀又唤起了新的“乡愁”，使得城市文明重新审视和回归“乡土”，乡土社会的天然、古老、平静、淳朴、慢节奏有着巨大的文化吸引力，民宿和生态田园经济兴起，“看得见山，看得见水，看得见乡愁”，成为农村发展的新愿景。乡土中国要有更好的未来，“香雪们”的愿望要实现，还需要整个社会做更多努力。

（三）《文字下乡》及《再论文字下乡》

1. 提示：联系自己实际生活经验，理解“文字和语言都是不完善的表达工具”。

2. 提示：联系中国现代化、城镇化的进程及发展状况分析。在我国经济发展的过程中，尤其是改革开放以来，中国农村社会城镇化进程不断加快，城乡差异逐渐缩小，这在一定程度上改变了我国农村的乡土特征，使文字成为农村生活的需要，对文字下乡有很大的推动作用。但由于我国农村具有明显的自身特点，有些弊病在现代化进程中依然有所体现，中国社会本质上的乡土性不会立刻消失，所以要辩证看待现代化和城镇化问题，在中国特色的基础上探求“文字下乡”的根本途径。

（四）《差序格局》

在个人主义下，个人不能侵犯大家的权利，团体不能抹杀个人，必须先假定团体的存在，可中国的传统思想是没有这一套的。国家是超过一切小组织的团体，为了这个团体，上下双方都可以牺牲的观念是现代的国家观念，乡土社会中没有。在差序格局里，为自己可以牺牲家，为家可以牺牲族……这是一个事实上的公式。因此，吴三桂的行为是符合自我主义的。

（五）《维系着私人的道德》

“找关系”体现了乡土社会道德观念的如下特点：

特点一：私人性。找关系是由自己推出去的，也是为自己的利益服务的，这种行为体现了道德观念的私人性。

特点二：伸缩性。找关系的行为其实体现了自己对自己行为的道德标准的放松，体现出道德观念的伸缩性。

（六）《家族》

首先，差序格局增加了乡村的稳定性。差序格局主导的乡土社会可以增加乡村的稳定性，在一个乡村中，人们的关系越趋于稳定，乡村越能够长久发展。想要振兴乡村，就得加强乡村人与人、家庭与家庭、村子与村子之间的联系和往来，不断扩大自己的圈子，圈子越大，乡村发展越稳定。

其次，家族绵延保证了乡村的持续性。家庭是暂时的，家族是长期的。因此在乡村社会中，只有家族的绵延才能保证乡村的持续发展。而在乡土社会中，家庭和家族最大的区别是家族可以是个事业社群，事业小，夫妻两人合作应付，事业大则不限于亲子小组合，而是要加以扩大，兄弟叔伯全可以集合在一起，并且家族的事业性不是横向（夫妻）发展，而是纵向（父子）延续。所以，当作为事业组织的家族一旦形成，家族就不再会因为个人的长大成人而分裂，也不会因为个人的死亡而结束。因此在乡村振兴过程中，家族的发展与绵延是一个不可忽视的因素，一旦乡村中形成作为事业组织的家族，乡村就会有持续发展的希望。

最后，地缘商业促进乡村经济发展。地缘与血缘不同，它是商业里发展出来的社会关系，是契约社会的基础。地缘社会不是亲密的，而是冷静的和理性的，这种理性是乡土社会中所缺失的。因此，乡村要发展，在保持其血缘社会的基础上，还应该打造地缘社会，也就是需要打造现代化的商业社会，比如开发旅游，吸引血缘社会以外的人，他们是商业活动的媒介，是商业行为可能发生的基础。从血缘社会转变为地缘社会，是实现乡村经济发展的可行之路。

（七）《男女有别》

《水浒传》中的扈三娘、孙二娘、顾大嫂，不甘屈从，她们身上的“女汉子”特点体现在如下三方面：

（1）绰号的男性化。孙二娘——母夜叉；顾大嫂——母大虫；扈三娘——一丈青。

（2）武艺高强。梁山上的许多英雄好汉都曾经是她们的手下败将。

（3）重情重义，做事勇猛，胆识过人。她们争强好胜、性格爽利。孙二娘在知道对方是武松时，表现出对英雄好汉的敬佩之情。顾大嫂在营救解珍、解宝时的表现，也反映出她义薄云天，为朋友愿两肋插刀的性格特点。

（4）有较强的自我意识。

（八）《礼治秩序》

中国现代社会是从乡土社会发展而来的，所以现代社会有更多的礼治，而缺少法治。从礼治到法治的转变，是一种文化的转变，是人们行为方式的转变。在转变过程中，最重要的因素就是人，当权者需要转变，广大人民、整个社会也需要转变。当权者应该增强法律意识，不断地摈弃中国传统文化中的人情礼节。广大人民、整个社会也应该走出传统文化中礼的藩篱，敢于冲破礼治观念的束缚，使个人行为方式法制化。

（九）《无讼》

方案要点：

纠纷调解要以德协商，本案涉及中国传统的孝道，事之以礼、养且敬、色难等是“孝”的核心要义，要将这些要义融入当事人心中，加强教化。

还要依法调解，家庭析产、赡养费的支付等问题都要依据法律，规范执行。

只依靠法律，没有内心的服膺，很难取得现实的成效；只靠道德教化的力量，可能于规范公平有所偏颇，因此，要解决问题，必须礼治和法治相结合。

（十）《长老统治》

现代农村出现大量的留守儿童，他们长时间得不到父母的严格管教，加上祖孙隔代亲的原因，老一辈往往对孙子辈过度溺爱，教育方面出现很多问题。增强农村的教化权力，一方面要树立正确的家庭教化观念，对孩子的教育既要严厉，又要注意情感的沟通与交流；另一方面要振兴农村学校教育，引进优秀的师资。此外，可以城乡结对，为农村的教化权力注入新鲜活力。

（十一）《无为而治》

所谓“休养生息”，即在社会大动荡或长期战争之后统治者实行的宽刑薄赋政策，以保养民力，增殖人口，达到恢复和发展经济、稳定统治的目的。休养生息政策是西汉初期的国策，是由刘邦及其群臣制定的。汉高祖之后的几代皇帝，特别是文帝、景帝两代，都大力推行休养生息政策。汉武帝后期虽然因为长期对匈奴作战的原因，全国户数锐减，但是在武帝末年以及随后的昭帝、宣帝年间也都采取了休养生息政策。这一政策几乎成了往后历朝历代初定天下时所采取的国策。

休养生息政策的实施，使得西汉社会经济得到恢复发展，稳定和巩固了汉朝的封建统治秩序。到文景年间，社会经济全面回升，出现了治世局面，史称“文景之治”，为西汉达到鼎盛时期奠定了良好的基础。汉武帝时期，西汉社会面貌焕然一新，西汉王朝威名远播。

（十二）《血缘与地缘》

因为在以人情来维持社会关系的血缘社会中，商业是难以存在的。在熟人那里做生意是很难不欠人情的，由于长时间欠人情，商业就难以发展，所以商业是在血缘外发展的。人们需要在血缘关系之外建立商业基础，这就是为什么熟人的生意难做。杀熟现象的出现代表着社会性质从血缘结合转变为地缘结合，地缘是从商业里发展出来的社会关系，这种社会关系不崇尚血缘结合的行事方式，所以“杀熟”现象的出现也就可以解释了。

（十三）《名与实的分离》

应该允许有的人不哭。

（十四）《从欲望到需要》

我认为福贵嗜赌如命是欲望。赌的欲望是为了赚钱，无理性，无计划；福贵为母亲求药，也是欲望，是为了活着，为满足最基本的生存；最后只剩福贵和一头老牛相依为命，但老人依旧活着，仿佛比往日更加洒脱与坚强，这就是需要了，他具备了理性和计划，和一头老牛相依为命，不仅是为了活着，更是精神上陪伴与慰藉的需要。

富贵这样的人要走进现代社会，条件有二：一是外部环境要改变，社会中同意权力和时势权力要增加，横暴权力及长老权力要逐步减弱；二是福贵思想要现代化，要克服内心的私欲，而想办法拥有更大的格局，具有团体格局的那种超己思想和公德心，使自己的需要成为最广大的人的需要。

图书在版编目（CIP）数据

《乡土中国》整本书阅读 / 邓彤, 王从华主编. — 上海:上海教育出版社, 2020.7
（2023.7重印）
ISBN 978-7-5720-0228-1

Ⅰ. ①乡… Ⅱ. ①邓… ②王… Ⅲ. ①阅读课 – 高中 – 教学参考资料
Ⅳ. ①G634.333

中国版本图书馆CIP数据核字(2020)第123592号

策　　划　李光卫
责任编辑　顾　翊　高立群
书籍设计　陆　弦

《乡土中国》整本书阅读
邓　彤　王从华　主编

出版发行　上海教育出版社有限公司
官　　网　www.seph.com.cn
地　　址　上海市闵行区号景路159弄C座
邮　　编　201101
印　　刷　启东市人民印刷有限公司
开　　本　787 × 1092　1/16　印张 12.5
字　　数　220 千字
版　　次　2020年7月第1版
印　　次　2023年7月第8次印刷
书　　号　ISBN 978-7-5720-0228-1/G·0178
定　　价　49.80 元

如发现质量问题，读者可向本社调换　电话：021-64373213